Albert Stähli

AZTEKEN-HERRSCHAFT

ALBERT STÄHLI

AZTEKEN-HERRSCHAFT

Warum auch Eliten untergehen können

Frankfurter Allgemeine Buch

Bibliografische Information der Deutschen Nationalbibliothek
Die Deutsche Nationalbibliothek verzeichnet diese Publikation
in der Deutschen Nationalbibliografie; detaillierte bibliografische
Daten sind im Internet über http://dnb.d-nb.de abrufbar.

Albert Stähli
Azteken-Herrschaft
Warum auch Eliten untergehen können

Frankfurter Societäts-Medien GmbH
Frankenallee 71-81
60327 Frankfurt am Main
Geschäftsführung: Hans Homrighausen

Frankfurt am Main 2013

ISBN 978-3-95601-015-6

Frankfurter Allgemeine Buch

Copyright	Frankfurter Societäts-Medien GmbH
	Frankenallee 71-81
	60327 Frankfurt am Main
Umschlag	Anja Desch, F.A.Z.-Institut für Management-, Markt- und
	Medieninformationen GmbH, 60326 Frankfurt am Main
Satz	Jan Hofmann
Titelbild	© iStockphoto
Druck	CPI Moravia Books s.r.o., Brněnská 1024, CZ-691 23 Pohořelice

Printed in EU

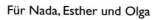

Für Nada, Esther und Olga

Inhalt

Götterdämmerung

Warum sich Mexico bis heute seiner großen Historie erinnert

„Das erste böse Omen: Zehn Jahre bevor die Spanier in dieses Land kamen, erschien nachts ein böses Vorzeichen am Himmel. Es war wie die Glut der Morgenröte, wie eine Feuerflamme, wie eine lodernde Feuergarbe. Die Flamme brannte breit und schoß spitz in die Höhe, mitten hinein in das Herz des Himmels, und blutiges Feuer fiel wie aus einer Wunde in Tropfen herab.

Die Flamme zeigte sich im Osten und erhob sich zu voller Höhe um Mitternacht. Bis der Tag kam, züngelte sie gierig empor. Erst die Sonne besiegte sie mit der Morgenröte. Ein ganzes Jahr lang schien diese Flamme; im Jahr ‚Zwölf Haus‘ erschien sie uns Nacht für Nacht. Und als sie zuerst gesehen wurde, schrien die Leute vor Angst. Sie schlugen sich auf den Mund, waren bestürzt und fragten: ‚Was kann das bedeuten?‘“

So dramatisch schildert der Codex Florentino, dessen erste verlorene Fassung von 1555 dreißig Jahre später vom spanischen Mönch Fray Bernadino de Sahagún neu geschrieben wurde (de Sahagún, 1585, Buch XII, Kapitel 1), das erste einer Reihe böser Vorzeichen, die das Ende der aztekischen

Kultur einläuten sollten. Unüberhörbar ausgeläutet wurde sie im Jahr 1667 mit der Weihung der Kathedrale von Mexiko-Stadt (Catedral Metropolitana de la Asunción de María de la Ciudad de México). Errichtet wurde dieser größte und älteste Sakralbau des amerikanischen Kontinents mitten im aztekischen Tempelbezirk in der damaligen Hauptstadt Tenochtitlan. Diese einst prächtige Stadt wurde schon kurz nach der Eroberung 1521 auf Geheiß von Commandante Hernán Cortés dem Erdboden gleich gemacht. Nichts sollte mehr erinnern an das Volk, das fremde Götter verehrte und ihnen auf grausame Weise Zehntausende von unschuldigen Menschen zum Opfer brachte. Nichts sollte in die Alte Welt dringen von der wechselvollen Geschichte der indianischen Heiden, die das Eisen nicht kannten und ihre Gegner dennoch mit brutaler Gewalt zu Boden zwingen konnten. Nichts sollte den glänzenden Ruf der spanischen Conquistadores als Vorkämpfer für die Heilige Kirche und Statthalter der Katholischen Könige in Spanien trüben. Nichts, gar nichts sollte dem zwangsweise zum rechten, katholischen Glauben bekehrten Volk von seiner großen Vergangenheit in Erinnerung bleiben.

Mit der sorglosen Freude von Schmetterlingsjägern

Es ist eine traurige und nahezu einzigartige Tatsache in der Geschichte der Eroberungen, dass die aus Kuba aufgebrochenen Soldaten vom Moment der Landnahme in Mexico an die Autonomie des ihnen freundlich entgegentretenden Volkes vollkommen missachteten. Mit der „sorglosen Freude von Schmetterlingsjägern" (Séjourné, L. 1971, S. 103) fielen sie über die Eingeborenen her und behandelten sie wie Herren ihre Leibeigenen. Nach Ansicht der katholischen Rechtsgelehrten freilich konnte das Heidentum allein Sklaverei und Ausrottung nicht rechtfertigen; hinzukommen mussten Protest gegen die Unterwerfung durch die Weißen und abscheuliche Sitten wie Folter und Menschenfresserei.

Dass die Azteken bei allen wahren oder auch nur für die Daheimgebliebenen blutrot ausgeschmückten Grausamkeiten ein hochstehendes Kulturvolk waren, erschließt sich erst seit etwa einem halben Jahrhundert den ethnologisch Interessierten. Denn von den Errungenschaften der Ureinwohner Mexicos blieb außer einigen Pyramiden und den Ruinen früher Bauwerke fast nichts. Wissenschaftler schätzen, dass nahezu die gesamte ursprünglich aztekische Bevölkerung der Usurpation der Krieger unter dem Kreuz zum Opfer gefallen ist – durch Hunger, unbekannte Krankheiten und gewaltsamen Tod. Lange Zeit kaum beachtet wurden die schriftlichen Zeugnisse von dem verzweifelten Kampf gegen die Eindringlinge, die die Azteken selbst hinterlassen hatten. Nur wenige spanische Mönche fühlten sich bemüßigt, diese Aufzeichnungen für die Nachwelt zu retten, ins Spanische zu übersetzen und aufzubewahren. Und nur wenigen Forschern ist daran gelegen, die tiefer liegenden Ursachen für den unglaublich schnellen Fall und letztlich den Untergang der aztekischen Hochkultur herauszufinden.

Die mexikanische Melange von Stolz und Scham

Denn schon bald nach dem Einzug der Spanier vermischten sich die Rassen an den Küsten und im zentralen Hochland von Mexico zur überwältigenden Mehrheit der Mestizen, die das heutige Bild des Landes prägen. Es ist ein im Inneren tief zerrissenes Volk. Der Stolz auf die große Vergangenheit und die Scham über die unrühmliche Niederlage unter die abendländischen Eroberer liegen ständig miteinander im Wettstreit. Aufgabe und Auflehnung bilden eine unheilige Allianz, die noch heute in Mexico auf Schritt und Tritt zu spüren ist.

Dort, wo sich die Megametropole Mexico City mit fast 23 Millionen Einwohnern über 9.763 Quadratkilometer erstreckt, regierten zwischen dem ausgehenden 12. und dem frühen 16. Jahrhundert die Stadtkönige der Azteken. Ihre kulturellen Wurzeln gehen auf die Völker ihrer Vorfahren zurück: Von den Tepaneken übernahmen sie die Staatstüchtigkeit, von den Tolteken die Kriegskunst und die Religion und von den Maya den Kalender. Die Azteken perfektionierten diese Fertigkeiten. Doch sie waren ein durch und durch kriegerisches Volk, sannen rücksichtslos auf Unterwerfung benachbarter Provinzen und verlangten dafür auch noch Tribut, bei Zuwiderhandlung den Tod.

Ihr furchterregender Ruf, der bei manchen Zeitgenossen offenbar immer noch ein fasziniertes Schaudern weckt, ist bis heute in Abenteuerromanen und „Indiana Jones"-Spielfilmen lebendig. Worin die aztekischen Herrscher allerdings tatsächlich irrten, wann und warum sie – freundlich formuliert – höchst unklug handelten und was sie um den Preis ihrer Existenz nicht zugeben wollten, ist ein düsteres Zerrbild jenes Eliteverständnisses, mit dem sie sich selbst über andere erhoben haben.

Denn es fällt schwer, den vorletzten Aztekenfürsten Moctezuma und die ihm vorangegangenen Oberhäupter als „Elite" zu Vorbildern in moderne Gesellschaften zu erheben. Sie können weder den klassischen noch den neuzeitlichen Ansprüchen (so sich denn überhaupt nennenswerte Unterschiede zwischen beiden aufzeigen ließen) an eine verantwortungsbewusste Anführerschar gerecht werden. Zwar lässt sich ihr Denken und Handeln in weiten Teilen auf den religiösen Überbau zurückführen. Das allein jedoch erklärt nicht ihr Versagen im Ausbau, in der Bewahrung und letztlich in der Verteidigung dieser Hochkultur.

Aus den Fehlern der Azteken lernen

In diesem Buch werden die grundlegenden Führungsfehler der aztekischen Herrscher herausgearbeitet und damit das Rätsel gelöst, warum sich das gesamte aztekische Volk völlig chancenlos auf eigenem Terrain einer zahlenmäßig weit unterlegenen Streitmacht beugen musste.

Aus der Fragestellung spricht freilich nicht nur ethnologisches Interesse. Begleitet und genährt wird es von großer Wissbegier über die Konstitution und das Weltbild, die mentale Verfasstheit und die Erfolgsbedingungen von Eliten im neuen Licht historischer Erkenntnisse wie in den Forderungen, wie sie Tag für Tag an Gesellschafts- und Unternehmensführer im 21. Jahrhunderts gerichtet werden. Mit der Analyse neuzeitlichen Führungsversagens im fünften Kapitel werde ich nachweisen, dass es dem Grunde nach dieselben Fehler sind, die den Azteken und zeitgenössischen Unternehmen und ihren Leitenden den Erfolg verwehren.

Doch aus Fehlern kann man lernen. Moderne Führer, die sich zur Elite zählen oder die bescheiden und ohne eigenes Hervorheben dazu gezählt werden müssen, können, dürfen, ja sollen kontinuierlich weiterlernen. Schließlich ist es erheblich bitterer, aus eigenen Fehlern zu lernen denn aus denen von anderen.

KAPITEL I

Der lange Marsch in den Untergang
Herkunft und Geschichte der Azteken

Wie bei allen indigenen Kulturen Lateinamerikas beginnt
auch die europäische Geschichtsschreibung über die Azteken mit dem Untergang dieser Kultur. Als die Spanier
unter ihrem Anführer Hernán Cortés 1521 die aztekische
Hauptstadt Tenochtitlan besiegen, zerstören sie mit den
Tempeln, Gebäuden und Palästen auch die schriftlichen
Zeugnisse dieser Hochkultur. Zum großen Betrübnis von
Kaiser Karl V., dem Maler Albrecht Dürer und dem itali-
enischen Humanisten Pietro Martire D'Anghiera, die sich
just zu diesem Zeitpunkt für die Kunst und die Kultur des
neu entdeckten Volkes auf der andern Seite der Erdkugel zu
interessieren begannen: „Es ist eine der tragischen Ironien
der Weltgeschichte", bedauert Viktor W. von Hagen, „dass
die Azteken im gleichen Augenblick, als die Gelehrten
Europas ihre Kultur zu erforschen suchten, bereits überwältigt und vernichtet waren." (Hagen, V.W. von, 1962/1976,
S. 10)

Doch noch während der Conquista retten Angehörige des
aztekischen Volkes Teile ihrer Vergangenheit vor dem
Dunkel des Vergessens. Sie schreiben die mündlich überlieferten Legenden ihres Volkes in ihrem eigenen Idiom
Nahuatl nieder oder einige von den Spaniern Geschulte

kleiden sie für die christlich geprägte Leserschaft in die spanische Sprache und lateinische Schrift. Vorauseilend gehorsam, spiegeln diese Chroniken allerdings nicht immer die Selbstsicht der Azteken. Auch die historischen Schilderungen und Augenzeugenberichte der spanischen Mönche und Gelehrten sind im Licht ihrer eigenen Herkunft und Glaubensüberzeugung zu lesen. Angesichts der erlebten oder bezeugten Gräueltaten und Opferrituale geraten ihre Darstellungen freilich noch abschreckender als die der Chronisten über die Maya und die Inka. Sie wollen ihr Handeln rechtfertigen, sie sind voreingenommen, oder sie verfolgen ein bestimmtes Ziel. „Alle damals lebenden Personen, Indianer gleichermaßen wie Europäer", schreibt der Ethnologe Hanns J. Prem, „hatten zutiefst andere Interessen, als Geschichte zu schreiben." (Prem, H.J., 1995/2011, S. 11) Sie wollen Macht erringen oder Macht bewahren, streben nach Reichtümern und sind beseelt davon, den christlichen Glauben zu verbreiten. Manche wollen auch einfach nur überleben. „Was an schriftlichen Zeugnissen in dieser Zeit entstand, diente diesen Zielen und ist somit oft eher Quelle für die damaligen Absichten als für die einheimische Kultur und Geschichte." (a.a.O., S. 11)

Auch die präkolumbianische Geschichtsschreibung der Azteken selbst ist nicht frei von verzerrten Wahrnehmungen und bewussten Täuschungen. Tlacaelel, Berater des berüchtigten Herrschers Ahuitzotl, der durch viele Eroberungen dem Reich im 15. Jahrhundert seine endgültige

Größe gab und von dem später noch die Rede sein wird, schrieb in der ersten Hälfte des 15. Jahrhunderts die aztekische Geschichte neu. Er setzte das Volk in den Rang der Nachkommen der großen Tolteken und gab ihnen rückwirkend den Auftrag, alle anderen Länder zu erobern, um Opfer gefangen zu nehmen.

Azteken oder Mexikaner?

Den Azteken ist es gelungen, einer ganzen Nation ihren Namen zu geben. Zur Blütezeit ihrer Kultur bezeichnet der Name „Azteca" die Bewohner einer mythischen Höhle, von der aus das Volk aufgebrochen sei, um das ihm vorausgesagte Land zu erreichen. Ob es diesen Ort tatsächlich gegeben und wo genau er gelegen hat, ist nicht bekannt. Sie selbst nennen sich „Mexi'ca" und fassen unter diesem Begriff Angehörige der Tenochca und Tlateloca zusammen. „Erst im 18. Jahrhundert hat der jesuitische Historiker Clavigero der Bezeichnung ‚Azteken' für das Volk, das das mächtige, von den Spaniern eroberte Reich getragen hat, allgemeine Geltung verschafft." (Prem, H., 1995/2011, S. 10) Der neue Name kann sich umso besser etablieren, als er ermöglicht, die präkolumbische Hochkultur vom modernen mestizischen Staatsvolk zu unterscheiden. Gleichzeitig steht er für den hohen Wert, den die eigene Geschichte für die Azteken hat, und so werde auch ich ihn in diesem Buch benutzen.

Ebenso wie die Maya haben die Azteken eine hoch entwickelte Zeitrechnung, in der sich ein ritueller Wahrsagekalender und ein lebensweltlicher Jahreskalender ergänzen und gegenseitig bedingen. „Zur Zeiteinteilung der Maya gehören verschiedene Kalendarien, die parallel verlaufen und deren Beziehung untereinander ausschlaggebend ist für die Gestaltung von rituellem und alltäglichem Leben." (Stähli, A., 2012, S. 42)

Der Jahreskalender orientiert sich am Sonnenjahr und geht von einem 365-Tage-Rhythmus aus. Der Wahrsagekalender von 260 Tagen besteht aus einer Zahl zwischen 1 und 13 in Kombination mit einem von 20 Tagen, welche auf den Namen eines Tieres, eine Naturerscheinung oder einen kulturellen Gegenstand zurückgehen. Die Kombination aus beiden Kalendern ergibt eine Wiederholung des Datums alle 52 Jahre. Dieser Zyklus enthält die sogenannten Festkreise, deren Feier-, Fest-, Arbeits- und Ruhetage dem Leben der Azteken einen Rhythmus geben. An späterer Stelle wird genauer auf die große Bedeutung der Festtage für die aztekische Kultur eingegangen.

Sogar das soziale Leben der Azteken ist an diesen Zyklus des Jahreskalenders angepasst. Ein Mann, der das 52. Lebensjahr vollendet hat, geht in den Ruhestand. Mit der Pflicht, sich an den Arbeiten für das Allgemeinwohl zu beteiligen, erlischt auch seine Steuerpflicht.

Die Geschichte der Azteken, von ihnen selbst erzählt, beginnt mit einer mythischen Wanderung. In den Legenden, die sie in kunstvoll erstellten Codices festhalten, berichten sie von einer Gegend namens Huei Culhuahcan (Groß Culhuahcan) mit einem Binnensee und einer Insel namens Aztlan in dessen Mitte, von wo aus mehrere Völker (Matlatzincah, Tepanecah, Chichimecah, Malinacah Cuitlahuacah, Xochimilcah, Chalceh und Huexotzincah und am Ende eben auch die Azteken) gen Süden aufgebrochen seien. Archäologische oder bauliche Belege für diese Herkunft sind bislang nicht entdeckt worden. Seit etwa 1980 beschreiben Wissenschaftler die Herkunft aus Aztlan als bloßen Mythos.

Allerdings deutet die sprachhistorische Forschung darauf hin, dass die Legende einen wahren Kern haben könnte. „Vor mindestens 2000 Jahren lösten sich die aztekische Sprache und ihre nächsten Verwandten aus dem Verband, zu dem auch (…) das in New Mexico noch heute gesprochene Hopi gehören. Die Menschen, welche diese und weitere dazwischen liegende Sprachen benutzen, werden von der Forschung zusammenfassend nach ihren extremen Mitgliedern, den Ute-Indianern im U.S.-Bundesstaat Utah und den Azteken in Zentralmexiko, „Utoazteken" genannt." (Riese, B., 2011, S. 77) Aus der Veränderung der Sprachen lässt sich ungefähr auf die Zeit schließen, in der sich die Gruppen auseinanderentwickelt haben. Die

Verwandtschaft der Sprachen ist somit ein gutes Indiz für einen gewissen Wahrheitsgehalt der aztekischen Legende von einem Ursprungsort irgendwo in der Gegend des heutigen New Mexico.

Die Azteken selbst stellen sich diesen Ort als eine Höhle mit sieben Kammern vor. „Und der Felsen dort in Quinehuayan wird Chicomoztoc genannt, welcher Höhlen hat auf sieben Seiten; und von dort kamen die Mexica und trugen ihre Frauen, als sie paarweise aus dem Chicomoztoc kamen. Es war ein furchterregender Ort, denn dort wimmelte

Abbildung 1: Höhle aus dem Schöpfungsmythos der Azteken

es von wilden Tieren, die in dieser Gegend beheimatet waren: Bären, Tiger, Pumas, Schlangen. Und überall waren Dornbüsche, Agaven und Wiesen. Und da dieses Land so weit entfernt war, wusste später niemand mehr, wo es lag." (Crónica Mexicayotl, zitiert nach Davies, N., 1974, S. 21) Aus dieser Höhlenlandschaft brechen die verschiedenen Volksgruppen auf, um sich Siedlungsgebiete zu suchen. Auch in anderen indigenen Kulturen des mittelamerikanischen Raumes findet sich das Motiv dieser Höhle mit sieben Kammern. Sie wird zum Beispiel im Poopol Wuuj der K'ichee' Maya erwähnt.

Die lange Wanderung nach Süden

Als letzte Gruppe verlassen die Azteken die mythische Höhle. Sie machen sich auf eine lange, historisch belegte Wanderschaft in Richtung Süden. Wie so oft, wenn eine nomadische Wanderung die Geschichte eines Volkes bestimmt, gibt es auch hier einen Gott, der das Volk leitet und ihm eine große Zukunft weissagt. Sein Name ist Huitzilopochtli. Er ist der Gott des Krieges und der Sonne. Dieser Gott ist noch nicht auf der Welt, als sein Leben schon bedroht wird. Denn seine Schwester hetzt eine Gruppe von Kriegern, samt und sonders Brüder, auf die gemeinsame Mutter Coatlicue, weil diese durch eine Schwangerschaft das eigene Volk beschämt und entehrt habe. „Als Coatlicue sich der geheimen Verschwörung bewusst wurde, war sie sehr bedrückt und fürchtete sich.

Doch das Kind, das sie in ihrem Körper trug, tröstete sie und sagte: ‚Hab keine Furcht, denn ich weiß, was ich zu tun habe'." Huitzilopochtli kommt als Krieger in voller Rüstung und bewaffnet mit der Feuerschlange Xiuhcoatl zur Welt und macht sich sogleich daran, seine Schwester und seine Brüder zu töten.

Nur wenige entkommen seinem Zorn. Die Schwester Coyolxauhqui, die den Aufruhr angezettelt hatte, trifft es als erste. Sie wird geköpft und durchbohrt. „Ihr Kopf blieb auf dem Berg Coatepetl (Coatepec) liegen, die einzelnen Teile ihres Körpers aber fielen den Hang hinunter." (Davies, N., 1974, S. 31) Ihren Verbündeten geht es nicht viel anders. Wer fliehen kann, sucht das Weite, doch die meisten sterben. Huitzilopochtli aber geht siegreich aus seinem ersten Kampf hervor und wird zur Identitätsfigur der Azteken. Er ist der Phänotyp des kriegerischen Helden, der sich gegen die Bedrohung seiner Existenz zur Wehr setzt. „Diese Geschichte, die nicht mehr als eine Projektion ihres eigenen Wesens in die Vergangenheit ist, macht deutlich, warum sich die Azteken so sehr ihrem Gott verpflichtet fühlten: Er war ebenso kriegerisch wie sie, und er war dies vor allem deshalb, weil ihm Unrecht zugefügt werden sollte." (Westphal, W., 1990, S. 17)

Huitzilopochtli wird zum Sinnbild des Kampfes und der Sonne und verlangt unbedingten Gehorsam – und Opfer. „Als tägliche Kost braucht er das Blutopfer der gefallenen Krieger, die sein Paradies bevölkern und bereit sind, ihn auf seiner Himmelsbahn zu begleiten." (Davies, N., 1974, S. 35) Er behütet die Azteken auf ihrer knapp zweihundertjährigen Wanderung. Er warnt sie vor Gefahren, hilft ihnen bei Auseinandersetzungen mit anderen Völkern und prophezeit ihnen eine große Zukunft. Auf der langen Reise spalten sich immer wieder einzelne Gruppen ab. Es wird vermutet, dass dabei Glaubenskonflikte eine Rolle spielen. Wahrscheinlich trennen sich die Anhänger anderer Hauptgötter vom eigentlichen Volk der Azteken – doch bei diesem stärkt das nur die Vormachtstellung Huitzilopochtlis.

„Fast 200 Jahre verbringen die Azteken nach ihrem Auszug aus Aztlan bzw. Chicomoztoc (dort soll die legendäre Höhle gelegen haben, Anm. des Autors) unstet als Jäger eine nach ihren eigenen Berichten ziemlich ereignislose Zeit, für die die Bilderhandschriften aber gewissenhaft die Orte ihres vorübergehenden Aufenthaltes aufzählen." (Riese, B., 2011, S. 79) Erst dann erreichen sie den ihnen bestimmten Ort, wo sie zum mächtigsten Volk der Region aufsteigen werden. Es gelingt ihnen, indem sie sich von den Kulturen, denen sie im Laufe ihrer langen Wanderschaft begegnet sind, das Beste abschauen, sie zusammenführen und weiterentwickeln zu einer machtvollen Hochkultur.

Anders als dauerhaft nomadisch lebende Völker, treiben die Azteken während ihrer Wanderschaft immer wieder auch Ackerbau. Zumindest bauen sie Mais an, den sie, wenn sie lange genug in der betreffenden Gegend wohnen, auch ernten. Die Hauptnahrungsquellen sind allerdings Jagd und Fischfang.

Zwischenstation in Tollan

Eine erste längere Pause machen die wandernden Azteken in der Stadt Tollan – kaum 60 Kilometer vom späteren Tenochtitlan entfernt. Zwar ist die Stadt zum Zeitpunkt ihrer Ankunft schon verlassen, sie kündet aber noch in vielem von der Macht und dem hohen kulturellen Entwicklungsstand der Tolteken, ihrer Erbauer.

Der Überlieferung zufolge fand das sakrale Königtum seinen Höhepunkt im Priesterkönig Quetzalcoatl, der 22 Jahre lang an der Spitze des toltekischen Volkes stand. Um das Jahr 1000 wurde er gestürzt und musste mit seinem Gefolge Tollan verlassen. Zurück blieb eine Stadt mit prächtigen Palästen, Stufenpyramiden und reich ornamierten Wänden, die als die schönste der damaligen Zeit galt (Hagen, V. W. von, 1962/1976, S. 30) „Die Tolteken galten (…) als die Erfinder der Handwerkskünste, der Bearbeitung der kostbaren, aus tropischen Ländern kommenden Federn, der Medizin und der Heilpflanzenkunde und aller anderen Künste und Wissenschaften. Von ihnen stammt die Kenntnis des Kalenders und Deutung der Sterne und ihrer Bewegungen." (Prem, H.J., 1995/2011, S. 66) Die Kalenderrechnung der Azteken wird sich fortan ebenso wie die der Tolteken an jener der Maya orientieren und wesentliche Elemente hieraus übernehmen. Archäologischen Forschungen zufolge stand das historische Tollan zwischen 900 und 1200 nach unserer Zeitrechnung in hoher Blüte, zeitgleich mit der als nachklassische Periode bezeichneten Endphase des Maya-Reiches.

Das aztekische Volk ist beeindruckt von der Größe und Pracht Tollans und von den offensichtlichen Fähigkeiten seiner früheren Bewohner. In den Tolteken erkennen sie nachahmenswerte Vorbilder. Historisch betrachtet, sind die Tolteken kein gewachsenes Volk, sondern setzen sich aus Bevölkerungsgruppen unterschiedlicher Herkunft zusammen. Zunächst verstanden die Azteken unter dem Begriff „Tolteken" deshalb nicht nur die Bewohner der Stadt Tollan, sondern ganz allgemein Menschen, die in ihrer handwerklichen Meisterschaft, ihrem Können und Wissen die den Bewohnern Tollans zugeschriebene Perfektion erreichten.

„Weil aber Tollan nicht nur einen bestimmten Ort bezeichnete, sondern auch Ehrentitel für bedeutende Städte geworden ist, tragen auch viele andere Volksgruppen neben ihrem spezifischen Namen die Bezeichnung Tolteken." (Prem, H.J., 1995/2011, S. 70) Diese Namensgleichheit macht es für Historiker oft schwierig, die Bezeichnung zuverlässig zuzuordnen. Festzuhalten ist aber, dass die Tolteken Impulsgeber und Inkubatoren für zahlreiche kulturelle Entwicklungen in Mittelamerika sind.

Eine besondere Rolle spielen die Nonoalca'. Sie sind aus der Region der südlichen Golfküste eingewandert. Dort kamen sie in Kontakt mit den Maya der nachklassischen Periode (vgl. Stähli, A. 2012, S. 30) und erfuhren „eine zu dieser Zeit in Zentralmexiko unbekannte zivilisatorische Verfeinerung." (Prem, H.J., 1995/2011, S. 67) Es ist zu vermuten, dass sich dieses Wissen in Tollan erhalten hat und von den Azteken aufgenommen, adaptiert und weiterentwickelt wird.

Zuhause auf Zeit: Die ersten aztekischen Städte

Um das Jahr 1194 nach unserer Zeitrechnung erreichen die Azteken Chapultepec, den sogenannten Heuschreckenberg, einen großen Hügel wenige Kilometer südwestlich vom Zentrum des heutigen Mexico City. Es gefällt ihnen hier. Nachdem sie die dort ansässigen Chichimeken besiegt und unterworfen haben, werden die Azteken in Chapultepec ein Zuhause auf Zeit einrichten.

Die Machtübernahme erfolgt in einem selbst für die gewaltbejahenden Azteken ungewöhnlich grausamen Akt. Sie bitten ihre Gastgeber, die Tochter des Herrschers in ihre Obhut nehmen zu dürfen. „Sie nahmen die Tochter des Achitometl mit. Sie brachten sie und führen sie dorthin nach Tizaapan (...) und dann töteten sie die Prinzessin gleich und schunden sie. Nachdem sie ihr die Haut geschunden hatten, legten sie sie einem Herrn, einem

Opferpriester an." (Cronica Mexicayotl, §§ 77a ff., zitiert nach Riese, B., 2011, S. 86) Diese unerhörte Provokation führt zu einer langanhaltenden Feindschaft zwischen Azteken und Chichimeken – und zu einer ersten längeren Periode der Sesshaftigkeit. Sie endete nach knapp 50 Jahren um das Jahr 1240 herum, als die Azteken von den umliegenden Städten Culhuahcan, Azcapotzalco und Xaltocan angegriffen und besiegt werden.

Das rituelle „Schinden" geopferter Menschen, bei dem ihnen die Haut abgezogen wird, gerät zu einem festen Bestandteil aztekischer Opferfeste. Einmal im Jahr werden Gefangene anlässlich des Festes Tlacaxipehualiztli auf diese Weise als Opfer dargeboten. Die Azteken hoffen auf göttliche Belohnung: „Arme oder kranke Bürger leihen sich von den Gefangenenbesitzern die Häute der Geopferten aus, streifen sie sich über und ziehen dann im Monat Tozoztontli zwanzig Tage lang um Almosen bettelnd durch die Straßen", beschreibt Bernhard Riese die vom Chronisten Bernadino de Sahagún ausführlich geschilderte Praxis. (Riese, B., 2011, S. 90)

Tenochtitlan – die verheißene Stadt

Erneut vertrieben, erneut heimatlos landen die Azteken etwa 1325 auf einer Ansammlung von Inseln im Sumpf des Tetzcoco, des großen Sees von Mexiko. Gelegen auf 2.240 Metern über dem Meeresspiegel und größtenteils umgeben von hohen vulkanischen Bergen, dehnt sich dieser relativ flache See an seiner längsten Stelle über 70 Kilometer aus. An diesem Ort erfüllt sich in ihren Augen die Prophezeiung des Gottes Huitzilopochtli. Kundschafter sehen auf einer der Inseln einen Adler, der auf einem Kaktus sitzend seine Beute verspeist. „Und dort wo sie im Röhricht hervorkamen, stand der Steinkaktus noch, den sie dort an der Höhle gesehen hatten. Auf ihm befand sich, auf ihm, dem Steinkaktus, stand aufgerichtet der Adler (...) Und als er, der Adler, die Mexikaner sah, verbeugte er sich sehr (...) Und dort gebot der Teufel (gemeint ist Huitzilopochtli) ihnen, er sprach zu ihnen: „Mexikaner, dort soll es schon sein!" (...) Und dann weinten die Mexikaner, sie sprachen: „Wir haben erlangt, wir haben erreicht, (was wir wollten), denn wir haben den Ort bewundert, wo unsere Stadt sein wird." (Cronica Mexicayotl, §§ 91b-92C, zitiert nach Riese, B., 2011, S. 92)

Diese Beschreibung des gelobten Landes, die deutliche Parallelen mit dem Auszug des Volkes Israel aufweist, meißelt sich tief ins kollektive Bewusstsein des aztekischen Volkes ein. Seine Spuren sind heute noch erkennbar: Adler und Kaktus sind feste Bestandteile der mexikanischen Ikonographie und Identität und zieren bis heute die mexikanische Nationalflagge.

Allerdings gibt auch hier die aztekische Überlieferung nur einen Teil der historischen Wahrheit wieder. „Denn der archäologische Befund und die historischen Traditionen anderer Bevölkerungsgruppen machen deutlich, dass die Azteken nicht als erste und nicht alleine auf diesen Inseln lebten. Schon vor ihnen oder gleichzeitig siedelten sich dort die Tlatilolkaner an; und es hatte dort bereits vor Ankunft dieser beiden Einwanderungsgruppen eine altansässige Bevölkerung gegeben, mit der sie sich vermutlich auseinandersetzen mussten." (Riese, B., 2011, S. 93)

Der gewaltige See wird von starken Quellen und kleinen Flüssen aus dem Süden gespeist. Er hat keinen natürlichen Abfluss. Im Norden, wo mehr Wasser verdunstet als in den

Abbildung 2: Adler auf Kaktus

See hineinfließt, ist das Wasser salzig, in seinem südlichen Teil enthält der See aufgrund der ständigen Zuflüsse Süßwasser. Seine geringe Tiefe begünstigt die Ausbreitung von Sümpfen. Auf diesem Sumpfgebiet, durchsetzt mit kleinen Inseln, entsteht die Stadt Tenochtitlan. Sie wird zum Uterus eines gewaltigen Reiches.

Tenochtitlan besteht aus vier symmetrisch errichteten Stadtvierteln namens Moyotlan, Teopan, Atzaqualco und Cuepopan, die durch Kanäle voneinander getrennt sind. So unwirtlich die Gegend in den Augen europäischer Betrachter auch wirken mag, so birgt sie doch manchen Schatz. Das sumpfige Land lässt Wild- und Nutzpflanzen sprießen, von denen sich die Azteken während der städte- und ackerbaulichen Aufbauarbeit ernähren. „High-yielding chinampas or raised fields were built on land reclaimed from the swamp and methods were devised to keep the salty waters of Lake Texcoco apart from the fresh waters of Lakes Chalco and Xochimilco." (Smith, M.E., 1953, S. 46) Sie treiben damit Handel und beschaffen sich im Gegenzug Baumaterial aus der Umgebung, um die Stadt auf- und auszubauen.

Mit hoher Kunstfertigkeit legen die Azteken die Sümpfe trocken und verlegen Frischwasserleitungen für die Versorgung der Stadtbevölkerung. Dafür übernehmen sie Methoden und Techniken der bereits am See siedelnden Stämme und vervollkommnen sie. Tenochtitlan bietet ihnen zum ersten Mal ein wirklich dauerhaftes Zuhause, in dem sie ihre handwerklichen, kulturellen und religiösen

Fähigkeiten erweitern und perfektionieren können. Es vergehen jedoch noch einige Jahrzehnte, bis aus dem spät angekommenen Volk, das sich ständig bedroht fühlt, ein stolzes Herrschervolk wird.

Erste Ausprägungen des künftigen Reiches sind aber schon hier deutlich erkennbar. Unumstrittener Herrscher der Stadt ist der Tlahtoani, eine Art Bürgermeister oder Stadtgouverneur. Er wird von den Vorständen der vier Stadtbezirke und den Priestern des Stammesgottes Huitzilopochtli gewählt. Seine Macht endet allerdings an den Stadtgrenzen, denn in den ersten Jahrzehnten des 14. Jahrhunderts müssen die Azteken dem mächtigen Volk der Tepaneken Tribut leisten. Ihr Herrscher Tezozomoc hat den See und alle Städte rings umher fest im Griff.

Dynastiebildung nach Habsburger Manier

Acamapichtli, der erste aztekische Herrscher der Stadt Tenochtitlan, wird zum Begründer einer mächtigen Dynastie. Er ist klug, denn anstatt seine Macht durch Kriege und Eroberungen zu vergrößern, geht er strategische Ehen mit Frauen aus mächtigen Adelsfamilien der Umgebung ein. Auf diese Weise hält er die Nachbarn in verwandtschaftlichem Schach und bindet sie an sein Haus. Mit dieser an die Habsburger erinnernden Heiratsdiplomatie mehrt er das Ansehen des Volkes und seine höchstpersönliche Macht. Unter Acamapichtlis Ägide wurde mit dem Bau eines steinernen Tempels für die wichtigsten aztekischen Gottheiten begonnen. Die Bevölkerung Tenochtitlans wuchs in seiner Regierungszeit beachtlich. Die Stadt entwickelte sich zu einer ernst zu nehmenden Größe in der Region.

Einer der zahlreichen Söhne Acamapichtlis, sein Name lautet Huitzilihuitl, setzt diese Tradition fort. Auch er sucht zunächst durch Heirat die Gunst der umliegenden Städte. Strategisch geschickt, heiratet er – der Überlieferung zufolge nach einer romantisch verklärten Brautschau – Miyahuaxihuitl, eine Prinzessin aus Quauhnahuac. Diese Stadt liegt westlich von Tenochtitlan und ist nur über einen steilen Gebirgspass zu erreichen. Sie herrscht über ein Tal, das sich zum Tiefland öffnet und über den Zugang zu begehrten Produkten wie Kakao und Baumwolle verfügt. Allerdings führt die Heiratsdiplomatie dieses Mal nicht zum gewohnten Erfolg. Die Vormacht in Quauhnahuac und damit den Zugang zu seinen tropischen Feldfrüchten müssen die Azteken in einem langen, anstrengenden Krieg erkämpfen. Huitzilihuitl wird dessen siegreiches Ende nicht mehr erleben.

Erst Itzcoatl, ein weiterer Sohn Acamapichtlis, der nach verschiedenen eher kurzen und wenig erfolgreichen Regentschaften aus der Nachkommenschaft seines Vaters zum Tlahtoani gewählt wird, kann die Azteken aus dem Joch der Tepaneken befreien. Als erfahrener Heerführer bringt er genügend Erfahrung und Durchsetzungskraft mit, um den Kampf erfolgreich zu bestehen. Dank kluger Allianzen mit anderen Völkern kann Itzcoatl im Jahr 1430 die Vormacht im tepanekischen Reich erringen.

Der Dreierbund als Machtbollwerk

In den folgenden Jahrzehnten wächst Tenochtitlan und mit ihr die Bevölkerung der Stadt, ihr Reichtum und ihr Ansehen. Mit den am Ufer des großen Sees gelegenen Siedlungen Tetzcoco (die mit dem See den Namen teilt) und Tlacopan bildet die Stadt einen sogenannten Dreibund oder Dreierbund genannt. Auch wenn die Städte voneinander unabhängig und ihre Oberhäupter formal gleichberechtigt waren, nahm Tenochtitlan eindeutig den Vorrang ein. „Das die Gesamtheit des Reiches betreffende politische Handeln wurde von den drei Herrschern auf informelle Weise einvernehmlich festgelegt, allerdings scheint dieser Bereich eher klein gewesen zu sein. Praktisch wurde dann, wenn wie bei Eroberungen gemeinsame Interessen gegeben waren, gemeinsam vorgegangen, wobei jeder Partner auch unabhängig agieren konnte und immer wieder Anlass zu Rivalitäten gegeben war. (...) Auch innenpolitisch waren die drei Partner selbstständig und verfügten über ihre jeweils eigenen politischen Institutionen und Strukturen, die im Detail durchaus unterschiedlich waren." (Prem, H.J., 1995/2011, S. 19)

Die Machtstruktur des Dreierbundes ist extrem schwach. Weil es keine militärische Besatzung der unterworfenen

Gebiete gibt, folglich keine effektive Kontrolle möglich ist, kommt es wiederholt zu Aufständen. „Immer wieder weigerten sich Städte, die fälligen Tribute zu zahlen, und mussten erneut erobert werden." (Domenici, D, 2008, S. 171) Doch ein Anliegen eint die Kapitalen des Dreibundes: die Sicherung und der Ausbau der gemeinsam ausgeübten Macht und die Mehrung der tributpflichtigen Untertanen. Und das wichtigste Instrument hierfür – ist der Krieg.

Fünf Arten von Kriegen

Für die Azteken gibt es fünf unterschiedliche, doch gleichermaßen legitime Arten von Krieg: Befreiungskriege (wie zum Beispiel den gegen die Tepaneken), Eroberungskriege, Bestrafungskriege, Blumenkriege und Inthronisationskriege.

Eroberungskriege werden in erster Linie aus wirtschaftlichen Gründen geführt. Um die wachsende Bevölkerung zu ernähren und die Privilegien des Adels auszuweiten, sind die Azteken darauf angewiesen, Tributzahlungen von anderen Völkern zu bekommen. Im Regelfall macht dazu ein Abgesandter der Azteken dem König eines anderen Volkes seine Aufwartung und bittet ihn, den Azteken freiwillig Tribut in Form von Nahrungsmitteln wie Mais und Bohnen, Baumwolldecken, Fellen, Vogelfedern, Meeresschnecken, Kakaobohnen, Gewändern oder Arbeitskräften zu zahlen. Lehnt er dies ab oder tötet er den Gesandten, dann ziehen die Azteken in den Krieg. Diese brachiale Vorgehensweise bricht auf Dauer jeden Widerstand: „Die zu leistenden hohen Tributzahlungen und die rigorose Praxis der Eintreibung scheinen eine große Zahl von unterworfenen Völkerschaften dazu bewogen zu haben, sich den fremden Eindringlingen anzuschließen." (Anders, F., 2001, S. 4)

Diese brutale Vorgehensweise ist für die präkolumbianischen Kulturen indes nicht untypisch. Auch die Inka begannen ihre Eroberungskriege mit der freundlichen Bitte, sich ihrem Volk anzuschließen. (Stähli, A., 2013, S. 119 ff.) Im Unterschied zu den Azteken nahmen sie allerdings nicht nur die Tribute und überließen das Volk ansonsten seinem Schicksal, sondern bauten die Infrastruktur (Straßen, Terrassen, Bewässerungskanäle) und machten es zu einem integralen Bestandteil ihres Reiches mit allen Rechten und Pflichten.

Eine dritte, weitere häufige Form des Krieges sind die Bestrafungskriege. Sie werden immer dann geführt, wenn ein aztekischer Fernhändler bei der Durchreise durch fremdes Gebiet belästigt oder gar getötet wird. Auch wenn ein bereits tributpflichtiges Volk rebelliert oder sich weigert, höhere Abgaben zu leisten, liefert das einen Anlass für einen Bestrafungskrieg. Es liegt nahe, dass solche Gründe bei Bedarf schnell gefunden oder konstruiert werden können. Kein Volk in der Umgebung der Azteken kann folglich vor ihren Übergriffen und kriegerischen Aktionen sicher sein. Das größte Machtmittel des mexikanischen Reiches im 15. Jahrhundert ist die Angst.

Der Glaube der Azteken, demzufolge die Götter regelmäßige Zuwendungen in Form von Menschenopfern verlangen, weil sie das in die Erde fließende Blut als Gegengabe für die Erschaffung der Azteken betrachten, steht hinter der legendären Blutrünstigkeit dieses Volkes und ist ein Auslöser für viele Kriege. Alleiniges Ziel der sogenannten Blumenkriege ist es, möglichst viele Gefangene zu machen, um sie danach den Göttern zu opfern. Gelingt das nicht, müssen Angehörige des eigenen Volkes ihr Leben lassen. „Bei einem Blumenkrieg galt als wesentliches Ziel, Kriegsgefangene für Menschenopfer zu erlangen und so die Opferung eigener Angehöriger zu vermeiden. Ein weiterer Zweck war, das Heer zu trainieren und zu motivieren. Durch Tapferkeit und Einbringen von Gefangenen in einem Blumenkrieg konnte man nämlich in den Rängen aufsteigen, was die Motivation der Krieger hochhielt." (Riese, B., 2011, S. 140) Diese Kriege sind weitgehend ritualisiert. Es ist zu vermuten, dass ihr Ziel für alle beteiligten Parteien gleich war, weil auch die Religionen der anderen indigenen Völker in dieser Region Menschenopfer forderten.

Inthronisationskriege schließlich sind notwendig, damit ein neuer Herrscher seine Befähigung zum Tlahtoani unter Beweis stellen kann. Auch hier geht es vor allem um die Habhaftmachung möglichst vieler Gefangener, um sie anschließend den Göttern darzubieten.

Obwohl die Kriegsführung für sie von sehr großer Bedeutung ist, unterhalten die Azteken kein stehendes Heer. Vielmehr wird bei Bedarf eine Truppe von Adligen, Zöglingen der Schulen des Adels und einem Teil der Bevölkerung zusammengestellt und ins Feld gesandt. Eine Entlohnung für den Kriegsdienst findet nicht statt. Stattdessen wird den Soldaten ein Teil der eroberten Güter zugewiesen. „Die Erwartung auf Beute war somit ein nicht zu bremsender Motor der militärischen Expansion", merkt H.J. Prem (1995/2011, S. 38) dazu an.

Waffen aus Holz und Stein

Wie allen präkolumbianischen Völkern ist auch den Azteken die Schmiedekunst (außer für Edelmetalle) nicht bekannt. Ihre Waffen bestehen aus Holz und Stein. Besonders der sehr scharf zu schleifende Obsidian spielt dabei eine wichtige Rolle. Ihre Angriffswaffe ist ein Speer, den sie mit Hilfe einer Speerschleuder (Atlatl) werfen. Weiterhin tragen sie eine schwere Lanze (Tepoztopilli), deren Spitze zumeist mit geschliffenen Obsidianklingen versehen ist, Schwerter aus dem gleichen Naturstein ergänzen das Arsenal. Im Nahkampf richten Keulen aus Holz sowie Beile aus Holz und Stein schweren Schaden beim Gegner an. Auch Pfeil und Bogen spielen eine gewisse Rolle. Zur Verteidigung tragen die Kämpfer einen runden Schild (chimalli). „Im Kampfgetümmel war jeder Feldhauptmann an seinem Banner und Hoheitsabzeichen – ein kostbares, zerbrechliches Gebilde aus Rohr und Federn, das an der Schulter befestigt war – leicht zu erkennen. Jedes dieser Feldzeichen hatte seinen besonderen Namen. Rang und Ruhmestaten allein bestimmten die Berechtigung zum Tragen solcher Abzeichen." (Soustelle, J., 1955/1986, S. 373)

Oft greifen die Azteken ihre Feinde aus dem Verborgenen an, um dem zu erobernden Territorium unentdeckt möglichst nah zu kommen. Wenn der Kampf beginnt, stehen sich die feindlichen Reihen gegenüber und versuchen den Gegner einzuschüchtern, mit Trommeln, Schreien, Dröhnen und gellendem Pfeifen. „Zuerst schleuderten die Bogenschützen und Speerwerfer ihre Geschosse gegen den Feind, dann gingen die Krieger mit Fechtsäbeln aus Obsidian und Schilden zum Angriff über." (Soustelle, J., 1955/1986, S. 373) Diese der römischen Kampftechnik nicht unähnliche Vorgehensweise verändert sich schlagartig, wenn es zum Nahkampf kommt. Denn hierbei geht es meist nicht um das Töten, sondern um das Einfangen des Gegners zu späteren Opferzwecken. „Sondertruppen standen hinter den Kämpfern bereit, um die zu Boden geschleuderten Feinde zu fesseln, bevor sie wieder zu Sinnen kamen." (Soustelle, J., 1955/1986, S. 374)

Die Bewaffnung und Waffenkunst der Azteken unterscheidet sich nicht wesentlich von den anderen Völkern in Mittel- und Südamerika. Ihre kriegerische Überlegenheit beruht eher auf ihrer Kampfkunst, auf ihrer geschickten

Taktik, ihrem Mut und ihrer Entschlossenheit, Gefangene in hoher Zahl zu machen. Die Azteken brauchen sie, um die im rituellen Jahres- und Kalenderlauf vorgeschriebenen Feste den Regeln gemäß begehen zu können. Wenn den Göttern nämlich nicht zu bestimmten Zeiten Menschen in bestimmter Anzahl auf bestimmte Art und Weise zum Opfer gebracht werden, dann ist nach ihrem Glauben der Weiterbestand der Welt gefährdet. Und wenn dafür nicht eigene Angehörigen, Nachbarn oder Freunde herhalten sollen, müssen die Soldaten eben für ausreichend fremde Gefangene sorgen. Das „sie oder wir"-Denken spornt ihre Kampfeslust und ihren Kriegswillen zusätzlich an.

Allerdings laufen die Azteken ebenfalls jederzeit Gefahr, zu Opfern zu werden. Schließlich verehren ihre Gegner die gleichen Götter und richten sich nach den gleichen Kalendern, so dass auch dort der Zwang regiert, Gefangene zu machen. Die Gier der Götter nach Menschenopfern scheint unersättlich ...

Machtzuwachs und Aufbau eines Hegemonialstaates

Auf kriegerische Weise erweitern die Azteken ihren Machtbereich ständig. Mitte des 15. Jahrhunderts dehnt sich das Reich unter dem großen König Motecuzoma I („Der zürnende Fürst", auch Motecuzoma, Moctezuma oder im früheren Sprachgebrauch Motecuzoma genannt, dessen Namensvetter, Motecuzoma II, zurzeit der spanischen

Conquista Tlahtoani in Tenochtitlan ist) bis zu 300 Kilometer nach Süden aus und umfasst große Teile der heutigen mexikanischen Bundesstaaten Morelos und Guerrero. Im Norden dringen die Azteken bis zur Golfküste vor. Motecuzomas Nachfolger Ahuitzotl schließlich dehnt das Reich bis zum Zerreißen aus. Seine Truppen erobern Gebiete vom Pazifik bis ins heutige Guatemala. Nicht um die dort siedelnden Menschen in ihr Staatsgebiet einzugliedern, sondern um von ihnen Tribut zu fordern und damit den eigenen Reichtum und das eigene Ansehen zu mehren.

Die Herrscher von Tenochtitlan

Das aztekische Reich ist mit dem Staatsbegriff der Alten Welt nicht zu fassen. Es hat kein durchgehendes, klar umrissenes Territorium, kein Staatsvolk, keine einheitliche Rechtsordnung, keine einheitliche Verwaltung und kein stehendes Heer. „Zu Recht wird deshalb von einem hegemonialen Reich gesprochen, in dem eine direkte zentralstaatliche Kontrolle nur in wenigen Bereichen existierte und in anderen nur zeitlich begrenzt bei entstehenden Notwendigkeiten ausgeübt wurde. Charakteristisch für diese Situation ist, dass kein aztekisches Wort für das Reich oder kein Name dafür bekannt ist." (Prem, H., 1995/2011, S. 19)

Regentschaft	Tlahtoani (Stadtgouverneur/König/Kaiser)
1376 – 1395	Acamapichtli
1396 – 1417	Huitzilihuitl
1417 – 1427	Chimalpopoca
1427 – 1440	Itzcoatl
1440 – 1469	Motecuzoma I
1469 – 1481	Axayacatl
1481 – 1486	Tizoc
1486 – 1502	Ahuitzotl
1502 – 1520	Motecuzoma II
1520 – 1520	Cuitlahuac
1521 – 1525	Cuauhtemoc

Abbildung 3: Liste der Herrscher von Tenochtitlan

Angst führt zu Unterwerfung, aber nicht zu Loyalität. Das werden auch die Azteken bitter zu spüren bekommen. Denn sie erobern zwar fremdes Land, aber – im Gegensatz zu den Inka in Peru – gestalten sie es nicht (vgl. Stähli, A., 2013, S. 125 ff.). Es genügt ihnen, wenn sie die geforderten Tributleistungen bekommen und die Erzeugnisse der unterworfenen Stämme mit einem Embargo belegen: Sie dürfen nirgendwo anders hin verkauft werden. Wie die Völker und Herrscher die verlangten Feldfrüchte, Waffen, Kunst- und Gebrauchsgegenstände, Kleidungs- und Schmuckstücke und nicht zuletzt Menschen als Opfergaben aufbringen, interessiert die Azteken nicht.

Diese brutale Rücksichtslosigkeit, gepaart mit Kriegser-
fahrung, Mut und Stolz, machen sie einerseits zu gefährli-
chen Gegnern für die Spanier. Andererseits öffnet dieselbe
Brutalität eine Flanke, in die die zahlenmäßig weit unterlegenen Spanier kühn hineinstoßen und die Azteken damit
letztlich besiegen. Denn der geballte Hass der unterjochten
Stämme lässt diese sich rasch auf die Seite der Spanier
schlagen. Krankheiten und Seuchen werden wie überall in
den von den Spaniern eroberten Gebieten ein Übriges tun,

Abbildung 4: Motecuzoma II

um das auf seine ganz eigene und für uns schwer zu begreifende Art und Weise hoch entwickelte und kultivierte Volk zu besiegen.

Motecuzoma II – König und Kämpfer

Im Jahr 1502 (für die Azteken heißt dieses Jahr „10 tochtli" – 10 Kaninchen) besteigt Motecuzoma II den Thron von Tenochtitlan. Während der ersten zehn Jahre seiner Herrschaft unternimmt er ausgedehnte Eroberungszüge in das Bergland des heutigen mexikanischen Bundesstaates Oaxaca und führt diese auch selbst an. Damit will er die vor seiner Herrschaft eroberten Wege in das reiche Tal von

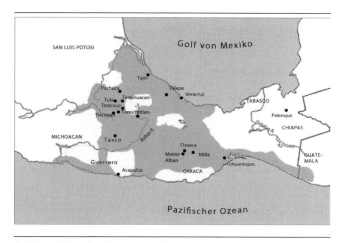

Abbildung 5: Das Aztekenreich zum Zeitpunkt seiner größten Ausdehnung 1519

Oaxaca sichern. Gleichzeitig demonstrieren die von bis an die Zähne bewaffneten Kriegern begleiteten Reisen natürlich Macht und Überlegenheit und schüchtern die bereits unterworfenen Völker weiter ein. Besonders heftig gerät die Auseinandersetzung mit den Tlaxcalteken, die sich den Azteken lange widersetzen. Doch es gelingt Motecuzoma, sie von fast allen Handelswegen abzuschneiden, was einer Belagerung ihres Territoriums gleichkommt.

Motecuzoma ist geschickt darin, bei einem Machtwechsel in den Städten seines Reiches Verbündete oder Verwandte in Entscheidungspositionen zu bringen. So versucht er, seine Macht zu festigen. Allerdings gelingt ihm das nicht immer. Als er 1515 nach dem Tod des Herrschers Nezahualpilli dessen Sohn Cacama zum Thronfolger in der Stadt Texcoco macht, bringt er Ixtlilxochitl, den Bruder des Neuernannten, gegen sich auf. Dessen Rebellion dauert noch bis in die Zeit der Spanier hinein und führt dazu, dass sich Texcoco binnen kurzem auf die Seite der spanischen Eindringlinge schlägt.

Innenpolitisch sorgt Motecuzoma für eine stärkere Trennung zwischen Adel und Volk. Den Grund dafür erklärt Ethnologe Hanns J. Prem: „Die Entfernung der Nicht-Adligen aus dem Staatsdienst und dem unmittelbaren Umkreis des Herrschers sollte wohl in erster Linie dem personell stark angewachsenen Adel ein konkurrenzloses Betätigungsfeld gegenüber den durch ihre Erfolge in den zahlreichen Kriegen ‚geadelten' Männern sichern." (Prem, H.J., 1995/2011, S. 103)

Als die spanischen Eroberer 1519 mit ihren Schiffen an den Gestaden des Reiches landen, finden sie kein gemeinschaftlich verbundenes Volk vor, sondern ein Stammeskonglomerat mit vielfältigen Sprachen, Riten und Kulturen. Zwar sprechen zahlreiche Angehörige des aztekischen Reiches Nahuatl als Haupt- oder Zweitsprache, daneben existieren aber noch andere Sprachen und Dialekte. Nach der Landung von Cortés in Yucatán werden die Spanier von den Maya angegriffen, die den Konquistadoren nach

Abbildung 6: Hernán Cortés, Stich von William Holl

einem heftigen Kampf unterliegen. Die besiegten Indianer schenken Cortés daraufhin als Zeichen der Ehrerbietung Gold, Edelsteine, kostbare Kleidung, farbenfrohen Federschmuck sowie zwanzig Sklavinnen (von einer werden wir noch hören) und lassen ihn über die prächtigen Bauwerke und die exotische Natur staunen. In einem Brief an Kaiser Karl V. schreibt Cortés am 30. Oktober 1520: „Wenn ich Eurer Majestät all das, was ich in diesen neuen Königreichen gefunden habe, bis ins einzelne berichten sollte, so würde ich nie ein Ende finden." (Cortés, H., 1520/1918/1980, S. 9)

Schon kurz nach seiner Landung gründet Cortés an der Küste die erste spanische Stadt Mexicos und gibt ihr den Namen Villa Rica de la Vera Cruz (Veracruz). Von dort aus bricht er auf, um die Stadt Tenochtitlan zu besuchen und nach Möglichkeit zu erobern. Von deren Schönheit und Reichtum sind ihm fantastische Dinge zugetragen worden. Unterstützt wird er bei seiner Expedition von Kriegern der Totonaken, die in ihm einen Verbündeten gegen das drückende Joch der Azteken sehen. Seit vielen Jahren müssen sie ihnen Tribut in Form von Waren und Menschen zollen. Sie berichten Cortés von der Feindschaft zwischen den Tlaxcalteken und den Azteken, einem der wenigen Völker in der Region, denen es bisher gelungen ist, sich gegen die Auflagen der Azteken zur Wehr zu setzen – wenn auch mit hohen Verlusten. Cortés gelingt es, die Tlaxcalteken auf seine Seite zu ziehen. Sie werden zu seinen nützlichsten und verlässlichsten Gefährten im Kampf gegen die Azteken.

Die um 1502 geborene indianische Adlige Malinche (auch: Malinalli) spielt als Dolmetscherin und spätere Geliebte des Konquistadors Hernán Cortés eine bedeutende Rolle während dessen Eroberungsfeldzuges.

Als Kind wird Malinche, die der Aztekensprache Nahuatl mächtig ist, an Maya-Sklavenhändler verkauft. Die Siebzehnjährige gehört zu den jungen Frauen, die Cortés nach der ersten Schlacht mit den Maya als Begrüßungsgeschenk bekommen hat. Die Spanier erklären den Sklavinnen die Grundsätze der christlichen Religion und lassen sie taufen. Aus Malinche wird Doña Marina. Cortés teilt sie einem seiner Offiziere zu.

Für die Verhandlungen mit den Maya kann der Heerführer den der Landessprache kundigen Spanier Gerónimo de Aguilar einsetzen. Doch beim Vordringen auf Aztekengebiet, wo Nahuatl gesprochen wird, verlieren seine Dienste an Wert. Als Cortés erfährt, dass Malinche oder Doña Marina sowohl Maya als auch Nahuatl als auch inzwischen ein wenig Spanisch beherrscht, holt er sie als weitere Dolmetscherin und später auch als Geliebte an seine Seite. Und so funktionierte die Kommunikation: Motecuzuma spricht Nahuatl, Malinche übersetzt in Maya und Geronimo weiter ins Spanische. Umgekehrt spricht Cortés Spanisch, Geronimo übersetzt in Maya und Malinche in das den Azteken verständliche Nahuatl. Dieser kompliziert klingende Ablauf erweist sich als Glücksfall, denn die junge Frau kennt nicht nur die Sprachen, sondern auch die Denkweise der Völker in Mesoamerika. Sie übersetzt nicht nur die Worte von Cortés, sondern ergänzt sie oft mit eigenen, hinzugefügten Erklärungen. Und sie erklärt Cortés, was die aztekischen Gesandten sagen – und was sie in Wahrheit meinen. So bekommt Malinche, die die Schmach der Versklavung nicht überwunden hat, eine willkommene Chance, um sich an ihrem eigenen Volk zu rächen.

Dank Malinches Übersetzung und Interpretation gelangt Cortés an entscheidende Informationen und kann durch diplomatisches Geschick die Häuptlinge (Kaziken) von Völkern, die ursprünglich den Azteken tributpflichtig

Abbildung 7: Bild der Malinche, Fresko (1945), Diego Rivera (1886–1957)
im National-Palast von Mexiko-City

waren, als seine Verbündeten gewinnen. So wächst eine ansehnliche, mehrheitlich aus indianischen Soldaten zusammengesetzte Streitmacht zusammen.

Zunächst nehmen die Verbündeten die Stadt Cholula ein, die erst vor kurzer Zeit von den Azteken unterworfen wurde und deren Reichtum die Spanier beeindruckt. Dann zieht das vereinigte Heer, das inzwischen weit über 2.000 Soldaten zählt, weiter in Richtung Tenochtitlan.

Motecuzoma II ist über die Ankunft und die militärischen Erfolge von Hernán Cortés informiert. Er beobachtet die Eindringlinge mit Misstrauen, entschließt sich aber, freundlich mit ihnen umzugehen, „obwohl er durchaus Ratgeber wie seinen jüngeren Bruder Cuitlahuac hatte, der entschiedenen militärischen Widerstand für die bessere Strategie hielt." (Riese, B., 2011, S. 267) Mit Geschenken und Versprechungen bemüht er sich, die Spanier von seiner Stadt fernzuhalten. „(Er) erklärte sich sogar bereit, ihnen künftig jeglichen Tribut zu bezahlen, wenn sie nicht nach Tenochtitlan kämen, was natürlich die Gier der Spanier nur noch mehr entflammen ließ." Am 8. November 1519 erreicht das spanische Heer mit seinen indianischen Soldaten die Hauptstadt der Azteken im See.

Tenochtitlan ist zu diesem Zeitpunkt eine der größten Städte der Welt. Auf zwischen 150.000 und 300.000 schätzen Historiker und Archäologen die Zahl der Menschen in der mittelamerikanischen Metropole. Einzig Paris, Konstantinopel und Beijing sollen damals die Stadt in der neuen Welt an Einwohnerzahl übertroffen haben. An Reichtum und Schönheit kann es wohl keine der damaligen Weltstädte mit ihr aufnehmen.

Bernal Díaz de Castillo, ein Kampfgefährte von Hernán Cortés, beschreibt in seinen Erinnerungen „Wahrhaftige

Abbildung 8: Tenochtitlan um 1520, Darstellung von Luis Covarrubias, 1919–1987

Geschichte der Eroberung Neuspaniens" das Panorama, das sich vor den Spaniern eröffnet, als sie die große Pyramide von Tlateloco zum ersten Mal erklimmen: „Von dort oben sahen wir die drei Dammwege, die in die Stadt hineinführen (...). Wir sahen den Aquädukt, der von Chapultepec herüberführt und die Stadt mit Süßwasser versorgt, und die Brücken jener drei Dammstraßen (...) Und auf jener großen Lagune sahen wir eine Menge Einbäume. Einige kamen mit Versorgungsgütern, andere verließen die Stadt mit ihren Waren." (zitiert nach Kelm, A., Rammow H., 1999, S. 13ff)

Der kastillianische Edelmann beschreibt Tenochtitlan als einen lebendigen Kosmos und Handelsplatz, deren Betriebsamkeit ihn in höchstem Maße beeindruckt hat:

„Wir sahen auch, dass man in der großen Stadt und in allen anderen Ortschaften, die im Wasser lagen, nur über bewegliche Brücken aus Holz oder aber in Booten von einem Haus zum anderen gelangen konnte. Auch in jenen Orten sahen wir Tempelpyramiden und Heiligtümer in Form von Turmbauten und Bastionen. Und alle glänzten so weiß, dass man staunen musste. Und dazu noch die Häuser mit den flachen Terrassendächern, und auf den Dammstraßen wiederum andere Türmchen und Tempel, die Befestigungen glichen. Und als wir alles, was es zu schauen gab, gesehen hatten, wandten wir uns wieder dem großen Markt zu und sahen die Menge Menschen, die es dort gab (...) unter uns waren Soldaten, die in vielen Teilen der Welt gewesen waren, in Konstantinopel und ganz Italien und Rom. Diese sagten, dass sie einen so gut bestückten Markt, mit so viel guter Ordnung, so groß und so voll Leuten, noch niemals gesehen hätten." (Kelm, A., Rammow, H., 1999, S. 13)

Tenochtitlan ist das wirtschaftliche, kulturelle und politische Zentrum des Reiches. Dank der reichlich fließenden Tributzahlungen der unterworfenen Völker ist die Stadt unglaublich wohlhabend. Das zeigt sich in zahlreichen prunkvollen Sakralbauten und Palästen. „All the social,

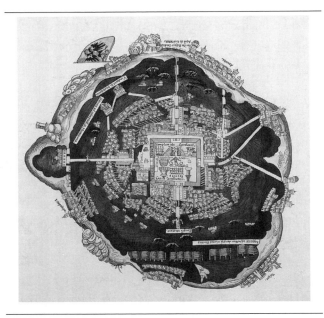

Abbildung 9: Stadtplan von Tenochtitlan, Zeichnung eines unbekannten Künstlers

economic, and ideological elements of the empire came together at Tenochtitlan, with the Templo Mayor at its core. The people who stood, danced or were satisfied there never had any doubt that they were at the center of the universe. They had only to look around them at the arrangement of massive temple pyramids and wide plazas, and at the fearsome and monumental sculptures, to understand the importance and centrality of the place." (Boone, E. H., 1994, S. 126)

Der Kampf um Tenochtitlan

Gastfreundlich, aber vorsichtig empfängt Motecuzoma seine Gäste und quartiert sie im Palast seines verstorbenen Vaters Axayacatl ein. Dieser ist so geräumig, dass alle Spanier mit ihren Pferden und Kanonen darin Platz finden. Um die mutmaßlichen Feinde zu beeindrucken, werden sie in der Stadt herumgeführt und machen Ausflüge in das Umland. Malinche dolmetscht zwischen Cortés und Motecuzoma, steht dabei aber immer dem Spanier näher als dem Oberhaupt ihrer eigenen Sippe. Cortés, der sich gegenüber den Azteken leutselig und friedvoll gibt, ist diesen folglich stets einen Schritt voraus.

Schon bald wendet sich das Blatt. Cortés erhält die Nachricht, dass die Azteken eine kleine Garnison in der Nähe von Vera Cruz angegriffen und mehrere Spanier getötet haben. Der Heerführer fackelt nicht lange, nimmt Motecuzoma

gefangen und stellt ihn unter Hausarrest. „Dadurch war die
veränderte Machtkonstellation für alle erkennbar. Sie führte
zusammen mit der allzu großen Nachgiebigkeit des aztekischen Herrschers gegenüber den Spaniern zu seinem schlei-
chenden Autoritätsverlust. Was diese schwer verständliche
fatalistisch geprägte Haltung des Motecuzoma bewirkt
haben mag, ist vielfach, aber ohne befriedigendes Ergebnis,
diskutiert worden." (Prem, H.J., 1995/2011, S. 112). Ein
Grund mag der aztekische Kalender liefern: Die Spanier
gingen 1519 an Land – just in dem Jahr 1 Schilfrohr nach

*Abbildung 10: Quetzalcoatl, Gott des Windes, des Himmels, der Erde und
des Meeres*

dem aztekischen Kalender, in dem die Azteken die Wiederkehr ihres Gottes Quetzalcoatl erwarteten. Möglicherweise hielten sie Cortés für dieses Wesen.

In den darauffolgenden Monaten bereisen und besichtigen die Spanier das Reich der Azteken. Sie sind überwältigt von dem Reichtum und der Schönheit der Städte und des Landes. Doch die Situation spitzt sich zu. Motecuzoma gibt seine nachgiebige Haltung mehr und mehr auf und versucht, sich heimlich mit Pánfilo de Narváez zu verbünden, der soeben mit einem Expeditionsheer an der Küste anlegt und Cortés den Ruhm streitig machen will. Cortés nimmt sich der Sache an, eilt an die Küste, besiegt Narváez und zieht dessen Heer auf seine Seite. Allerdings zahlt er dafür einen hohen Preis, denn während seiner Abwesenheit wird die in Tenochtitlan zurückgelassene kleine Garnison von indianischen Kriegern eingeschlossen und belagert. Die Azteken stehen den Spaniern inzwischen offensichtlich feindlich gegenüber. Sie stellen die Versorgung ein und sind nicht mehr bereit, ihnen Dienste zu leisten. Als Motecuzoma (auf massives Drängen von Cortés) versucht, sein Volk zu beruhigen, wird er beschimpft und in einem Steinhagel massiv am Kopf verletzt. Kurz darauf stirbt er.

Unter seinem Nachfolger Cuitlahuac stehen den Spaniern härtere Zeiten bevor. Cuitlahuac ist ein erfahrener Fürst und Kriegsherr. Er hatte seinem Bruder und Schwiegervater Motecuzoma schon früher geraten, die Spanier entschiedener zu bekriegen. Durch eine List konnte er im Juni 1520 der spanischen Gefangenschaft entkommen und stellte sich fortan in offenen und verborgenen Kämpfen gegen die Eindringlinge. Nach seiner Wahl zum Tlahtoani setzt er diesen Kampf mit Nachdruck fort. „Als oberster Befehlshaber und Souverän verfolgt Cuitlahuac jetzt uneingeschränkt die von ihm zuvor schon auf eigene Rechnung gewählte kompromisslose Strategie, sich der Spanier durch direkten Kampf zu entledigen." (Riese, B., 2011, S. 285) Unter seiner Ägide wird der Druck auf die belagerten Spanier so groß, dass sie einen Ausbruchsversuch unternehmen. In dieser als „noche triste" (traurige Nacht) in die Annalen der mexikanischen Geschichtsschreibung eingegangene Nacht vom 30. Juni auf den 1. Juli 1520 fliehen die Spanier aus der feindlich gewordenen Stadt und nehmen dabei große Verluste hin. Auch auf dem weiteren Rückweg werden sie immer wieder angegriffen und entgehen nur knapp der Niederlage. Erst in Tlaxcallan, wo sie noch immer willkommen geheißen werden, sind die 450 überlebenden Spanier sicher.

Dass überhaupt spanische Soldaten diesen Kampf überleben, haben sie den ihnen so abscheulich dünkenden Kriegs- und Opfergewohnheiten der Azteken zu verdanken. Denn der Gedanke, den geschlagenen Feind komplett zu vernichten, um alle Gefahr für die Zukunft abzuwenden, ist den Azteken komplett fremd. Sie denken vielmehr an die weitere Verwendung der Gefangenen zu Opferzwecken. „The Indians had little concept of fighting to annihilate the enemy. Their goal to gain booty, sacrificial victims, and status were more important and immediate objectives."

(Townsend, R.,1992, S. 235) Spanier und Azteken kämpfen zwar den gleichen Krieg, aber nach völlig unterschiedlichen Regeln und mit unterschiedlichen Zielen. Ein Vorgang, zu dem sich auch in der modernen Wirtschaft immer wieder erstaunliche Parallelen finden lassen (vgl. Kapitel 5).

Doch auch die Azteken haben viele Opfer zu beklagen. Weit mehr als die Waffen der Spanier setzt ihnen eine Krankheit zu, die sie mitgebracht haben. Schon während Cortés an die Küste geeilt war, um Narváez zu besiegen, hatte es in der Stadt die ersten Fälle von Pocken gegeben. Jetzt schlägt die Seuche unerbittlich zu und dezimiert das Volk und seine Führung. Auch der Tlahtoani Cuitlahuac fällt ihr zum Opfer.

Und jetzt rächt sich auch die Rücksichtslosigkeit der Azteken gegenüber den ihnen unterlegenen Völkern. Die ersten der zu ihrem Reich gehörigen tributpflichtigen Volksgruppen schlagen sich nun auf die Seite der Spanier. Diese erholen sich allmählich von ihren Niederlagen und können sich durch neu ankommende Schiffe personell verstärken. Vereint gelingt es den indianischen und den spanischen Feinden der Azteken, immer mehr Boden gut zu machen.

Das Ende der Herrschaft der Azteken

Im Dezember 1520 setzt der Kampf um Tenochtitlan erneut und mit voller Wucht ein. Zuvor haben die Spanier dank ihrer indianischen Hilfstruppen an der Küste 13 Segelschiffe zerlegt, über das Gebirge an den See geschafft und dort zusammengebaut. Zunächst wird Tenochtitlan von allen Versorgungswegen abgeschnitten. Dann beginnt die Eroberung. „Den größten Anteil an den Kämpfen hatten nunmehr die indianischen Hilfstruppen der Spanier, die eine Stärke von 300000 Mann erreicht haben sollen, während die Spanier nur 513 Mann aufzubieten hatten." (Prem, H.J., 1995/2011, S. 115)

Nach einem zähen und auch für die Spanier verlustreichen Kampf müssen sich die Azteken am 13. August 1521 in der belagerten Stadt geschlagen geben. „Dank der Gnade Gottes wurde nach der Gefangennahme des Kaisers der Krieg am Tage des heiligen Hippolytus beendet", schreibt der siegreiche Commandante Hernán Cortés an Karl V. in Spanien, „die Belagerung dieser Stadt hat also fünfundsiebzig Tage gewährt, und Eure Majestät wird hiernach die Mühen, Strapazen und Gefahren ermessen können, die seine Untertanen auf sich genommen haben, und deren Bewältigung sie zu Männern machte, die ewig im Gedächtnis der Nachwelt leben werden." (Cortés, H., 1520/1918/1980, S. 242) Um sicherzugehen, dass die Stadt wirklich unter spanischer Herrschaft steht, wird alles eroberte Terrain eingeebnet, werden die Tempel geschliffen, die Häuser zerstört und die Kanäle aufgefüllt. Am 15. August 1521 bricht im Tempelbezirk von Tlatelolco der letzte indianische Widerstand zusammen. Die Azteken sind besiegt, ihre mächtige und reiche Kultur ist an ihrem Herzstück ausgelöscht worden.

Doch schon bald steht Tenochtitlan wieder auf. Die Heimstatt der Azteken wird zu einer Metropole, die sehr lange Zeit für sich in Anspruch nehmen konnte, die größte und bevölkerungsreichste Stadt der Welt zu sein. Noch heute trägt sie den Namen ihrer mächtigen Gründer, der Azteken oder Mexi'ca: Mexico City.

KAPITEL 2

Regeln und Bräuche
Die Allmacht der Götter

Als die Spanier der aztekischen Kultur begegneten, waren sie zutiefst verstört über die in martialische Ausdrucksformen gekleidete Religion. Noch größer war die Irritation, weil dieses so offensichtlich die Menschen gering achtende Volk gesellschaftlich streng geordnet schien und eine hohe Kultur und Baukunst pflegte. Davon zeugte insbesondere die Hauptstadt Tenochtitlan mit ihren prachtvollen Palästen, Tempeln, breiten Straßen, Kanälen, majestätischen Plätzen und zauberhaften Gärten.

Wenn wir uns heute mit den Azteken beschäftigen, geht es uns nicht viel anders. Wir staunen über die großen Errungenschaften dieser hochentwickelten Kultur und lassen uns von ihrer Handwerkskunst und ihrem geistigen Reichtum beeindrucken. Dann blicken wir auf die für unser Verständnis unvorstellbar grausamen Religionspraktiken und erschrecken gleichermaßen vor der Anzahl und Brutalität der Menschenopfer wie vor der Selbstverständlichkeit dieser Martyrien.

Ich fasse in diesem Kapitel die wesentlichen Teile der aztekischen Kultur zusammen und will mich dabei, was die grausamen Aspekte ihrer Religion angeht, so neutral wie möglich verhalten. Weiterhin gehe ich auf die großen kulturellen Errungenschaften ein, die das Alltagsleben des aztekischen Volkes prägten.

Eine wohlgeordnete Gesellschaft

Die aztekische Gesellschaft ist streng hierarchisch aufgebaut. Etwa jedes zehnte seiner Mitglieder gehört dem Adelsstand an (pilli). Den Pipiltin, den Adligen, obliegt es, das Volk zu führen und zu leiten.

An der Spitze dieser Elite von Geburt steht der Tlahtoani (siehe Kapitel 1), der Kaiser oder das Staatsoberhaupt, der in Tenochtitlan residiert. Er ist der vom Rat der „vier Senatoren" gewählte Regierungschef (vgl. Davies, N., S. 47), oberster Befehlshaber im Kriegsfall und höchster Priester in Personalunion. Seine Stellung ist nahezu gottgleich. Niemand darf ihm direkt in sein Antlitz blicken; selbst die Höflinge müssen ihre Sandalen ablegen, wenn sie sich ihm nähern. Wenn er sich in die Öffentlichkeit begibt, dann auf einer vergoldeten und mit einem Federschirm überdachten Sänfte. Nach heutigem Verständnis ist der Lebensstil des Tlahtoani geradezu luxuriös. Er trägt die edelsten Gewänder und reichen Schmuck. Auch seine Mahlzeiten zeugen von der Anbetung seines Volkes: „When Moctezuma the younger sat down to dinner, it was to a bountiful feast. Samples of all the foods in the land were before him. Bernal Díaz remembers there being more than 300 different dishes: the meats of so many kinds of birds and beasts that the conqueror could not name them all, plus fish, vegetables, and fruit of all descriptions." (Boone, H., 1994, S. 75)

Als Angehöriger des Hochadels hat der Tlahtoani eine umfangreiche Ausbildung genossen. Seinen Untertanen gegenüber gibt er sich freundlich und wohlwollend, denn so ist er erzogen worden. Das bestätigen auch die Erzählungen der spanischen Chronisten. „Der Herrscher war den Menschen gegenüber sehr gnädig, barmherzig und

Abbildung 11: Die Königliche Prozession des Montezuma (Motecuzoma II) auf dem Weg zu den Spaniern (Öl auf Leinwand), 17. Jahrhundert, spanische Schule

freundlich. Wenn er auszugehen wünschte und eines Weges ging, und er einem armen Untertanen begegnete, der ihn grüßte, so dass der Herrscher den Gruß erwiderte, und der Gruß höflich war, wies (der Herrscher) seinen Verwalter an, dem (Untertanen) einen Lendenschurz und einen Mantel zu geben und einen Platz, wo er schlafen könne, sowie etwas zum Trinken und Mais, Bohnen und Fuchsschwanzsamen zum Essen." (Sahagun, Historia General, Buch 8, Kapitel 17 § 6, zitiert nach Riese, B. 2011, S. 309).

Allerdings ist die Macht des Tlahtoani nicht grenzenlos. Jede einzelne seiner Entscheidungen muss von einem Beirat gebilligt werden, zu dem die Herrscher der dem Aztekenreich angehörigen Provinzen und vor allem die Staatsoberhäupter der anderen Städte des Dreibundes gehören.

Führungsnachfolge

Die Adelsfamilien des Landes sind untereinander verwandt und verschwägert, so dass die Nachfolge meist „in der Familie" bleibt, auch wenn Ämter und Posten nicht im eigentlichen Sinne vererbbar sind. Stirbt der Herrscher, wird in einer Art Konklave ein Nachfolger ermittelt. Häufig orientiert sich die Wahl am Wunsch des verstorbenen Vorgängers: „Die Quellen sind sich darüber einig, dass die aztekische Herrschaft tatsächlich ein Wahlkönigtum war, dem des Deutschen Reiches im Mittelalter und in der Neuzeit vergleichbar." (Riese, B., 2011, S. 305)

Auch die Führung der anderen Adelshäuser wird nicht in direkter Linie nach dem Erstgeborenenrecht vererbt, sondern anhand der jeweiligen Verdienste und der persönlichen Eignung festgelegt. Dennoch wird häufig ein Sohn der ranghöchsten Ehefrau des vorigen Amtsinhabers für die Nachfolge ausersehen.

Die benachbarten Adelshäuser müssen die Wahl des neuen Führers bestätigen. „Dieser Akt war keineswegs immer nur eine Formalität", hat die Wissenschaft herausgefunden. „Die Amtsübernahme war mit religiösen Zeremonien verbunden, darunter auch die Durchbohrung der Nasenscheidewand, in die ein Schmuckstück eingesetzt wurde, sowie einer Verteilung von kostbaren Geschenken an die Teilnehmer." Prem, H.J., 1995/2011, S. 47) In seltenen Ausnahmefällen können Adelshäuser auch durch weibliche Nachkommen geführt werden.

Die Wahl eines neuen Herrschers und seiner Berater findet nach einem streng festgelegten Ritus statt. „Die Wahlmänner versammelten sich im ‚Großen Palast' (Huei Tecpan), berieten sich und verabschiedeten ein einstimmiges Votum. Mit dem Tlahtoani zugleich wählten sie vier weitere wichtige Amtsträger, die den zukünftigen Herrscher beraten sollten." (Riese, B., 2011, S. 306) Anschließend wird der erfolgreiche Kandidat in sein neues Amt eingeführt. Vor ihm steht ein harter Weg. Zunächst muss er ein nicht nur symbolisches persönliches Opfer bringen: Er tritt, nur mit einem Lendenschurz bekleidet, vor den

Gott Huitzilopochtli und opfert ihm Weihrauch und eigenes Blut. Danach zieht er sich für eine Weile zurück, um im Anschluss daran durch alle Tempel der Hauptstadt zu wandern und den Göttern – auch den Göttern der besiegten Völker – seine Aufwartung zu machen. Damit setzt sich der Tlahtoani als Herrscher aller Menschen in den von den Azteken kontrollierten Gebieten ein.

Ein weiteres, genuines Element der Inauguration eines neuen Tlahtoani ist der Inthronisationskrieg, wie er in Kapitel 1 beschrieben wird. Mit der Vorbereitung und Durchführung dieses Feldzuges beweist der neue Herrscher seine strategischen Fähigkeiten in den für die Azteken so wichtigen kriegerischen Auseinandersetzungen. Erst nach einem gewonnenen Inthronisationskrieg ist der Herrscher vollends in Amt und Würden angelangt.

Die Amtsübernahme wird mit einem großen Opferfest und zahlreichen Menschenopfern begangen. Manches deutet dabei auf Kannibalismus hin. „Im Rahmen unserer eigenen Tradition vollkommen unverständlich und daher von manchen modernen Autoren geleugnet, bleibt der dabei praktizierte Kannibalismus zu konstatieren, im Rahmen dessen dem Herrscher bestimmte bevorzugte Körperteile der Geopferten zum Verzehr vorbehalten waren." (Riese, B., 2011, S. 308)

Im Regelfall dauert es länger als ein Vierteljahr, nämlich zwischen 80 und 100 Tage, bis die Einsetzungsprozedur vollendet ist und der neue Herrscher seine Amtsgeschäfte aufnehmen kann.

Besitz und Aufgaben

Nur Angehörige der Aristokratie können echten – unter glücklichen Umständen sogar vererbbaren – Landbesitz erwerben. „Die Ländereien eines Adligen lagen nicht zusammenhängend, sondern über das ganze Einflussgebiet seines Adelshauses oder, nach Eroberungen, sogar entfernte Teile des Staatsterritoriums verteilt. Ihr Wert bestand nicht in einem akkumulierbaren und durch Veräußerung realisierbaren Kapital, das dann anderweitig investierbar war, sondern ausschließlich in der auf ihnen erzielten Produktion." (Prem, H.J. 1995/2011, S. 47)

Das Eigeninteresse des Adels, dass das ihm gehörende Land effektiv und effizient bewirtschaftet wird, ist gleichzeitig ein brummender Motor für die Fortentwicklung der aztekischen Landwirtschaft und für die Weitergabe neuer Kulturtechniken an besiegte Völker. Zu jedem Landbesitz gehören abhängige Bauern, die es bewirtschaften, wie auch Handwerker und andere Bedienstete, die einen festen Anteil ihrer eigenen Erträge an das Adelshaus abführen müssen. „Das Adelshaus war somit auch ein wirtschaftliches Unternehmen, dessen Funktionieren durch die politische Macht gewährleistet wurde." (Prem, H.J. 1995/2011, S. 48)

Die Nachkommen der Adelshäuser werden in speziellen, an Tempel angegliederte Schulen (Calmecac) einer nach europäischen Maßstäben der damaligen Zeit äußerst hart anmutenden Erziehung unterzogen. Dort werden sie in Kriegsführung, Religion und Administration unterrichtet, ebenfalls in Kunst und Kultur, um so vorbereitet ihre späteren Ämter übernehmen zu können. Das Bildungssystem der Azteken, zu dem auch Schulen für die nichtadlige Bevölkerung gehören, wird in Kapitel 4 ausführlich betrachtet.

Status und Privilegien

Die Angehörigen der aztekischen Elite wohnen in zumeist mehrstöckigen, prachtvollen Palästen. Diese sind ungleich größer als die aus Holz gebauten Häuser der Bauern. Auch im Straßenbild aztekischer Städte sind die Adligen auf den ersten Blick an ihrer Kleidung und an ihrem Schmuck zu erkennen. Ihre Röcke, Hemden, Lendenschürze und Tücher sind aus kostbarer importierter Baumwolle, während die Kleidung der Macehualli (oder Macehualtin), das sind die Angehörigen der nicht adligen Bevölkerung, aus Agave- oder Yuccafasern gefertigt ist. Der gesellschaftliche Rang der Aristokraten lässt sich an der Musterung ihrer Oberteile, besonders der Bordüren, ablesen. Ebenfalls dem Adel vorbehalten sind die begehrten, aus tropischen Ländern herbeigeschafften Vogelfedern. Darüber hinaus sind Form, Material und Tragweise von Schmuckstücken, Gold und Edelsteinen sichere Zeichen des Ranges ihrer adligen Träger.

Im Krieg tragen die Männer aus den Adelshäusern große Verantwortung für ihre Soldaten und übernehmen auch strategische Aufgaben. Doch sie sind auch größeren Risiken ausgesetzt. Wird etwa ein Bauer oder ein Handwerker gefangengenommen, dann kann er mit etwas Glück darauf hoffen, beim Gegner mit dem Leben davonzukommen – allerdings meist um den Preis der lebenslangen Versklavung. Adlige hingegen sterben fast immer einen leidvollen Opfertod. Schließlich gilt ihr Leben auch vor den Göttern deutlich mehr als das eines bürgerlichen Menschen.

Abbildung 12: Civilizacion Totonaca, Diego Rivera

Die breite Masse der Nichtadligen (Macehualli), also der Bauern, Handwerker, Händler, Lastenträger und Sklaven, ist alles andere als homogen. Einige Berufe und Familienverbände genießen höheres Ansehen als andere. Allen gemeinsam ist allerdings, dass junge Männer eine gute Erziehung genießen. Sie werden gemeinsam im Jungmännerhaus (Telpochcalli) unterrichtet und erhalten dort eine militärische Ausbildung.

Der größte Teil derjenigen, die nicht dem Aristokratenstand angehören, sind Bauern. Häufig gehen sie zusätzlich einem Handwerk nach. Die Bauern leben in größeren Familienverbänden, zu denen oft die verheirateten Geschwister gehören und die mehrere Generationen unter einem Dach vereinen. Ein Teil von ihnen ist bestimmten Adelshäusern angegliedert und bewirtschaftet das ihm anvertraute Land zugunsten eines Adeligen, ähnlich der mittelalterlichen Lehnswirtschaft in Europa. Der aztekische Fürst erhält einen festgelegten Teil der Ernte und der hergestellten Erzeugnisse. Das Gleiche gilt für die Handwerker, die sich aus freien Stücken einem Adelshaus angeschlossen haben. Es ist ihnen erlaubt, fortzuziehen und das Land eines anderen Adligen zu gleichen Bedingungen zu bearbeiten.

Ein anderer Teil der nichtadligen Bevölkerung lebt in kooperativen Verbänden (Calpolli). „Die sozial wenig geschichteten Verbände, die nicht durch verwandtschaftliche

Verbindungen, aber eine gemeinsame Herkunft konstituiert waren, waren in einzelnen Gebieten die kollektiven Eigentümer eines örtlich unterschiedlich großen Teiles des Landes. Das Land war in Parzellen an die Mitglieder verteilt, die es dauernd und ohne individuelle Abgabeverpflichtungen nutzen konnten." (Prem, H.J., 1995/2011, S. 50) Ebenfalls zum Gefüge der aztekischen Gesellschaft gehören Familien, die von der Jagd, vom Fischfang oder bestimmten Handwerksberufen leben und ihre Produkte auf dem Markt verkaufen.

Weiter unten in der sozialen Rangordnung stehen die Lastenträger, die auf ihren Rücken schwere Bürden teils über weite Distanzen transportieren. Leibeigene bilden die niedrigste Hierarchiestufe im Reich der Azteken. Sie sind durch Unglück, Missgeschick oder im Krieg in Gefangenschaft geraten und müssen fortan entweder ein Leben lang oder für eine bestimmte Zeit niederste Arbeiten verrichten. Einige von ihnen haben ein besonders schweres, sklavengleiches Schicksal: Sie können jederzeit verkauft oder geopfert werden.

Händler – eine Klasse für sich

Eine ganz besondere Rolle spielen die Fernkaufleute (Pochtecatl). Sie versorgen den Adel und den Tlahtoani mit den begehrten Rohstoffen aus fernen Regionen. Sie schaffen Baumwolle, Vogelfedern, Gold, Silber und Edelsteine heran, die der herrschenden Klasse als Insignien ihrer Macht unabdingbar scheinen. Gleichzeitig dienen die Reisenden dem aztekischen Machtapparat als Spione und Vorposten in feindlichem Terrain. „Merchants were important politically: They entered enemy territory as spies, they could declare and engage in wars, and they could conquer communities." (Berdan, F., 2005, S. 36) Dadurch erlangen die Spion-Händler einen Sonderstatus. „In these terms, the merchants were neither nobles nor commoners, but were stationed somewhere between." (Berdan, F., 2005, S. 36) Sie zahlen Steuern und kleiden sich wie gewöhnliche Leute, jedoch genießen sie hohes Ansehen beim Herrscher – kein Wunder angesichts des Reichtums und Glanzes, den er den Händlern verdankt. Sie dürfen Sklaven opfern, Land besitzen und an besonderen Festtagen sogar Schmuck tragen, der sonst dem Adel vorbehalten ist.

Trotzdem geben sich die Reisenden extrem bescheiden und halten ihren Reichtum verborgen, vermutlich um Neid – auch aus dem Adel – abzuwenden und ihre Privilegien nicht zu gefährden. Die Fernhändler sind so wichtig für die präkolumbische Gesellschaft im heutigen Mexiko, dass sie ihre eigenen Gesetze und Regeln schaffen und sich eine eigene Gerichtsbarkeit geben. „Lediglich die gemeinsame Religion und ihre Loyalität dem Tlahtoani gegenüber banden sie noch an den Rest der aztekischen Gesellschaft." (Riese, B. 2011, S. 233)

Aufgrund der ständig von ihnen ausgehenden Kriegs-gefahr sind die Azteken bei ihren Nachbarn alles andere als beliebt. Deshalb sind die auf fremdem Terrain reisen-den Händler häufig großen Gefahren ausgesetzt. „Um die außerhalb des Reiches gelegenen politisch neutralen Freihandelsplätze, vor allem die Zone von Xicallanco, zu erreichen, marschierten die Händler in Kampfausrüstung durch das dazwischenliegende feindliche Gebiet, erhiel-ten aber auch von den Freihandelsplätzen aus militärische Bedeckung." (Prem, H. J., 1995/2011, S. 53) Wo das nicht möglich ist, operieren die Nachrichtenübermittler geheim und, um keine Risiken einzugehen, als Einheimische getarnt.

Abbildung 13: Der Markt von Tlateloco mit Marktrichter, Diego Rivera, Murales

Jeder noch so kleine Ort im aztekischen Reich hat einen eigenen Marktplatz, an dem etwa alle fünf Tage das Leben einzieht. Schon die Menge der insgesamt im Reich gehandelten Waren ist gigantisch. Das Verteilsystem ist effizient und stellt eine gute Versorgung der Bevölkerung sicher, ohne dass vom Staat administrativ eingegriffen wird. „Unlike in the Inca Empire and in some other early civilizations, where the central government maintained heavy control over the economy in general, Aztec markets and trade were largely independent of the state." (Smith, M. E. 1953/2012, S. 109)

Cortés und seine Soldaten sind begeistert von der Schönheit, Fülle und strengen Ordnung der aztekischen Märkte. An Kaiser Karl V. schreibt Hernán Cortés: „Dann hat sie (die Stadt Tenochtitlan, Anm. des Autors) auch einen anderen Platz, zweimal so groß wie Salamanca, und ganz umgeben von Säulenhallen, auf dem sich tagtäglich über 60.000 Menschen befinden, um zu kaufen oder zu verkaufen, und wo es alle Arten von Handelsgut gibt, die man im ganzen Lande finden kann. Es gibt Gebrauchsgegenstände als auch Lebensmittel, Schmuck aus Gold und Silber, Blei, Messing, Kupfer, Zinn, Steinen, Knochen, Muscheln, Schnecken und Federn." (Cortés, H. zitiert nach Kelm, A., Rammow H., 1999, S. 18) Die Fülle und Vielfalt der auf dem Markt angebotenen Waren und Dienstleistungen beeindrucken die Spanier – ähnlich wie in einer modernen Shopping Mall gibt es auch Barbierstuben, Frisiersalons, Restaurants und Stationen, an denen man Lastenträger mieten kann. Noch mehr imponiert ihnen aber die feste Struktur, die sie dort vorfinden. „Jede Art von Waren steht für sich in einer eigenen Straße, ohne dass es zu einer Vermengung käme; hierbei achten sie streng auf Ordnung. Alles wird nach Anzahl und (Hohl) Maß verkauft, wenigstens hat man bis heute noch nichts nach Gewicht verkaufen sehen." (Cortés, H. zitiert nach Kelm, A., Rammow H., 1999, S. 18f.) Auch die für die Märkte zuständige Gerichtsbarkeit beschreibt Cortés in diesem Zusammenhang. Ich werde darauf an anderer Stelle eingehen.

Kunsthandwerker – Zünfte mit eigenen Regeln

Ebenfalls eine Sonderstellung haben die Kunsthandwerker, also die Gold- und Silberschmiede, Bildhauer, Maler und Hersteller von Federschmuck. Sie haben eine enge Verbindung zum Adel, weil dieser von ihnen seine Prestigeobjekte bezieht. Dadurch können manche Kunstschaffende großen Reichtum erlangen, besonders dann, wenn sie ihr Handwerk gut beherrschen. Sie leben in Stadtvierteln für sich und haben eigene Götter und Feste. Intern organisieren sie sich ähnlich wie die Gilden im Mittelalter und erreichen dadurch eine gewisse Machtposition.

Auch überregional genießt das aztekische Kunsthandwerk einen hohen Stellenwert. Seine höchste Ausprägung entwickelt es dort, wo große Kunstfertigkeit benötigt wird oder kostbare Güter verarbeitet werden. „The Spanish chroniclers are universal in their praise of Aztec luxury products. Cortés, referring to the gold and silver jewelry, featherwork, and precious stones he took from Moctezuma the Younger, wrote to Charles V: 'All these, in addition to their intrinsic worth, are so marvelous that considering their novelty and strangeness they are priceless; nor can it be believed that any of the princes of this world, of whom we know, possess any things of such high quality.'" (Boone, E., H. 1994, S 82) Tatsächlich sucht die Gold- und Silberschmiedekunst der Azteken weltweit ihresgleichen. Auch die Spanier erkennen sehr schnell, dass die Menschen in der Neuen Welt ihnen darin überlegen sind.

Für das mexikanische Volk selbst sind die kunstvoll zusammengesetzten Federschmuckstücke viel wertvoller als alles Gold der Welt, denn die dafür benötigten Federn tropischer Vögel kommen auf langen und gefahrvollen Wegen in ihr Land. Kunstvoll gewebte Federmosaike sind sichtbare Zeichen von Reichtum und Macht des aztekischen Adels. Die Handwerker, die sie anfertigen, sind gesuchte Künstler und werden für ihre Arbeit reich belohnt.

Auch die Verarbeitung von Juwelen und Edelsteinen hat einen hohen Stellenwert in der aztekischen Kultur. Jade, Obsidian, Türkis und viele andere kostbare Materialien werden von Meisterhand bearbeitet. Noch heute sind die Beweise für die hohe Kunstfertigkeit der Handwerker im alten Mexiko als Exponate in den Museen der Welt zu bewundern.

Wer nicht zum Adel gehört, muss den Aristokraten im Aztekenland Tribut leisten. In Form von geschätzten Waren oder in Arbeit, wie der Bestellung der Landwirtschaft und dem Bau von Straßen, Dämmen, Tempeln und Kanälen.

Alle zum Reich der Azteken gehörigen Nationen sind den Herrschern des Dreibundes tributpflichtig. Zum Zeitpunkt seiner größten Ausdehnung umfasst das Aztekenreich 38 Provinzen, die jeweils einem aztekischen Oberverwalter (Calpixqui) unterstellt sind. Der von den Provinzen erhobene Tribut dient dazu, die Grundversorgung der wachsenden Bevölkerung des aztekischen Kerngebietes mit Nahrungsmitteln zu garantieren. Darüber hinaus sichert sich der Adel auf diese Weise einen ständigen Nachschub an Luxuswaren wie Baumwolle, Felle, Vogelfedern, Meeresschnecken, Kakaobohnen und spezielle Kleidungsstücke. Außerdem müssen Arbeitskräfte für kommunale Aufgaben im Städtebau und in der Unterhaltung öffentlicher Einrichtungen bereitgestellt werden. Wichtige Verbündete der Azteken sind die Herrscher (Tlatoque) der unterlegenen Völker. Als Statthalter kommen auch sie in den Genuss des Tributsystems der Azteken: „Membership brought the tlatoque strength and fellowship. Certainly the rulers were required to pay tribute, but they could simply increase the tribute they received from the macehualtin and pass on the surplus to the empire." (Boone, E. H., 1994, S. 71)

Die Tributzahlungen sind durch überlieferte Aufstellungen gut dokumentiert. Die großen Städte Tenochtitlan und Tetzcoco erhalten jeweils zwei Fünftel der eingezogenen Naturprodukte und Erzeugnisse. Die Stadt Tlacopan bekommt ein Fünftel. Anders als andere aztekische Artefakte bewahren die Spanier die vorgefundenen Lieferunterlagen sorgfältig auf. Sie verwenden sie als Grundlage für ihre eigenen Tributberechnungen.

Schwimmende Gärten und fruchtbare Felder

Mit Fischfang und Jagd sichern sich die Azteken ihre Nahrung. Truthähne und Kaninchen werden als Nutz-, Hunde als Haustiere gehalten.

Um die wachsende Bevölkerung ihres Reiches mit Grundnahrungsmitteln zu versorgen, kultivieren die Azteken die Landwirtschaft und passen den Pflanzenanbau den klimatischen Bedingungen an. Eine wichtige Rolle spielt dabei die Ingenieurkunst, deren Technik allerdings weniger weit entwickelt ist als zur gleichen Zeit in Europa und in Teilen Asiens. Denn das Kerngebiet der Azteken ist ein See. Ihm müssen sie mühevoll jeden Quadratmeter bewirtschaftbaren Bodens abtrotzen. Gleichzeitig haben sie für eine regelmäßige Zufuhr von Trinkwasser zu sorgen, denn ein Teil des Sees ist salzig und kann weder als Trinkwasser noch zur Bewässerung der Felder dienen. Im Jahr 1425 errichten sie dafür eine

13 Kilometer lange Wasserleitung von Chapultepec nach Tenochtitlan.

Die auf 2.400 Meter Höhe über dem Meeresspiegel gelegene Hauptstadt wird immer wieder von Umweltkatastrophen heimgesucht. Sei es, dass durch vermehrte Regenfälle die nur knapp über dem Seespiegel liegenden Häuser und Felder überschwemmt werden, sei es, dass wiederkehrende Frostperioden die Ernten gefährden und die Vorräte vernichten. Anders als die Inka, sind die Azteken auf solche

Abbildung 14: Civilizacion Huaxteca mit schwimmenden Gärten, Diego Rivera, Murales

Ereignisse nicht vorbereitet, so dass sich die Erinnerung an Hungersnöte und magere Zeiten tief in ihr kollektives Gedächtnis eingräbt (vgl. Riese, B., 2011, S. 174 ff).

Im Normalfall allerdings sind die Azteken reich versorgt mit Nahrung. Zu den Grundnahrungsmitteln gehören unterschiedliche Sorten Mais und Bohnen, hinzu kommen Kürbisse, Kakao, Getreide wie Amaranth und Chia (ein salbeiähnliches Kraut mit fettreichen Samen) sowie Früchte. Auch Agaven und Kakteen werden zur Nahrungsgewinnung angebaut.

Die Felder in den Hügellagen werden im regelmäßigen Wechsel bewirtschaftet. Brachphasen dienen der Bodenregeneration. In und um Tenochtitlan und den See von Tetzcoco legen die Azteken die berühmten schwimmenden Gärten, die sogenannten Chinampas an. Darunter versteht man weniger als zehn Meter breite, aber sehr lange Landstreifen, an deren Seiten schmale, baumbestandene Kanäle entlanglaufen. „Die Felder waren aus dem seichten Seeboden oder Sumpfzonen über den normalen Wasserspiegel aufgeschüttet worden, wodurch die Kanäle zwangsläufig entstanden. Diese regulierten die Bodenfeuchtigkeit der Felder, die so günstig war, dass große Erträge und mehrere Ernten pro Jahr erzielt werden konnten, und boten außerdem eine günstige Transportmöglichkeit für die Produkte." (Prem, H. J. 1995/2011, S. 34)

In den meisten Vierteln von Tenochtitlan gehört zu jedem Haus mindestens ein Chinampa. Auf diese Weise kann die Stadt einen Teil der von den Einwohnern benötigten Nahrungsmittel selbst erzeugen. Die größten Chinampas befinden sich bei Xochimilco am südlichen Ende des Tetzcoco-Sees. Dort wird noch heute auf diese archaische Weise Landwirtschaft betrieben. Insgesamt wird die auf diese Weise von den Azteken zur Zeit der Conquista bewirtschaftete Landfläche auf rund 12.000 Hektar geschätzt.

Die Schönheit und Anmut der aztekischen Gärten beeindrucken die spanischen Eroberer auf das Höchste. Besonders prächtig sind die Anlagen des Tlahtoani. „Der Aztekenherrscher Motecuzoma Xoyocatzin selbst besaß in seinem Palast in Tenochtitlan Gärten. Überdies standen ihm in anderen Stadtteilen Lustgärten, Parks und Nutzgärten zur Verfügung – etwa der große Zypressenwald Chapultepec und ein weitläufiger Garten in El Peñon im Osten der Stadt, der im Zuge der Eroberung in den Besitz von Cortés überging." (Heyden, D., 2003, S. 72)

Gesundheit und Heilkunde

Eine wichtige Rolle spielen die Erforschung und der Anbau von Heilpflanzen sowie die Blumenzucht. Die Azteken begeistern sich für Pflanzen und lassen sie mitunter aus weit entfernten Ländern importieren. Sie erforschen ihre Wirkung und ihren Nutzen und erfreuten sich an ihrer Schönheit. Wirkstoffe aus der Orchideenart Tzacutli liefern ihnen Leim für den zeremoniellen Federschmuck, für

Schmuckstücke mit Edelsteinen und dienen als Bindemittel bei der Malerei und Goldschmiedekunst. Die Agave liefert neben Baumaterial für Häuser Rohstoffe für Papier, Garn, Nadeln, Kleidung, Schuhe und Seile. Außerdem ist sie Grundlage für den Pulque, ein durch Gärung gewonnenes alkoholisches Getränk. Heilkundige gewinnen aus ihren Blättern eine wirksame Arznei. „Dem Franziskaner Toribio Motolinia (1490–1569) zufolge ließen die eingeborenen Fürsten Arzneipflanzen aus weit entfernten Gebieten kommen, um ihre Heilkraft zu erforschen, und der Herrscher Motecuzoma (...) hielt seine Ärzte an, Versuche mit den Arzneikräutern durchzuführen und mit denen, über die sie am besten Bescheid wussten und die am besten erprobt waren, die Edelmänner seines Hofes zu heilen." (Heyden, D., 2003, S. 71)

Gesundheitlich geht es den Azteken deutlich besser als vielen anderen Völkern ihrer Zeit. Ihre Hygienemaßnahmen sind vorbildlich. Ihre fleischarme und ausgeglichene Ernährung sorgt für eine gute körperliche Konstitution. Die luftige Kleidung – Lendenschurz und Schulterdecke für Männer, Bluse und Rock für Frauen – beugt Parasitenbefall vor. Sie spülen sich täglich mehrfach den Mund aus und waschen sich gründlich, was man von ihren spanischen Zeitgenossen nicht behaupten kann.

Ihre Häuser halten sie reinlich. Die Böden aus gestampftem Lehmboden werden häufig gefegt. Unrat in den Straßen gibt es so gut wie gar nicht. Auch die Exkremente von

Menschen und Tieren werden gesammelt und als Dünger oder Arbeitsmaterial (zum Beispiel Urin zum Gerben von Leder) verwendet.

Aufgrund ihrer zahlreichen Menschenopfer haben die Azteken eine gute Kenntnis der menschlichen Anatomie und können einfache chirurgische Eingriffe vornehmen. Bedingt durch die schwere körperliche Arbeit und die vielen Kriege sind Knochenbrüche, Schnitt- und Platzwunden an der Tagesordnung. Die aztekischen Ärzte haben wirksame Mittel: „Desinfizierung verunreinigter Wunden geschah im Feld, höchst praktisch und steril, durch den jederzeit verfügbaren Urin. Große klaffende Fleischwunden wurden durch Nähen mit Nadeln aus Agavenblattspitzen und Menschenhaaren als Faden verschlossen. (...) Starke Blutungen konnten mit Druckverbänden aus blutstillenden Pflanzen behandelt werden, und das Zurechtrücken und Stilllegen von Knochenbrüchen war den Azteken ebenfalls geläufig." (Riese, B., 2011, S. 201).

Auch in der Geburtsmedizin erreichen sie durch gute Versorgung und Begleitung von Schwangeren, Gebärenden und Stillenden sowie durch die Gabe von wehen- und geburtsauslösenden Medikamenten einen Standard, der dem europäischen zu jener Zeit überlegen ist.

Die Angehörigen des aztekischen Adels dürfen mehrere Frauen heiraten. Oft gehen sie strategische Ehen ein, um sich die Loyalität anderer Völker zu sichern.

Im Vergleich mit vielen anderen Kulturen der neuen Welt sind die Azteken vergleichsweise prüde. Sexualität findet im Verborgenen statt. Es sind keinerlei konkrete oder abstrakte sexuelle Symbole (Phallussymbole, Liebesszenen) bekannt. Auch die Kleider, die sowohl Brüste und Scham der Frau als auch den Lendenbereich des Mannes komplett bedecken, sprechen für eine strenge Sexualmoral. Diese Regeln sind durchaus nicht selbstverständlich. Viele Völker in der Region haben eine freizügigere Auffassung, doch sie werden von den Azteken verachtet. „Insofern haben die Azteken eine Sexualmoral gepflegt, die der europäischen oder chinesischen des beginnenden 20. Jahrhunderts nicht unähnlich war: Sexualität auf das Notwendige zu reduzieren, sie in dieser Form zu sozialisieren und das darüber Hinausgehende nur für sozial Geächtete zu erlauben, ansonsten aber sexuelle Übergriffe scharf zu missbilligen und gegebenenfalls hart zu bestrafen." (Riese, B., 2011, S. 237)

Auch Berichte über homosexuelle Aktivitäten sind ausgesprochen selten. Offiziell wird nur vom Herrscher Axayacatl, der für seine ausschweifenden Feste und seine Freude an Tanz und Musik bekannt ist, Entsprechendes berichtet:

Ein junger Trommler war während einer Aufführung für einen anderen, der über seinen Instrumenten zusammengebrochen war, eingesprungen, um die Aufführung und damit das Leben der gesamten Künstlertruppe nicht zu gefährden. Der König, beeindruckt von so viel Mut und vom hervorragenden Spiel und der Musikalität des Mannes, zeichnet ihn daraufhin vor allen anderen aus. „Die Auszeichnung drückt sich, wie auf der ganzen Welt üblich, zunächst durch reiche Geschenke aus. (...) Die Ehrung umfasst dann aber auch eine eigenartige Komponente: Der Herrscher penetriert den Künstler homosexuell und beschließt dann, dass dieser fortan ausschließlich an seinem Hof und zu seinem Vergnügen musikalisch zu wirken habe." (Riese, B., 2011, S. 203)

Aus dieser Schilderung abzuleiten, dass Homosexualität im alten Mexiko allgemein akzeptiert und praktiziert wurde, hält Riese allerdings für falsch. „Da es aber nur eine einzige Quelle hierzu gibt, ist es fraglich, ob das wirklich so geschehen ist und vor allem, ob es eine spezifische Norm oder eine allgemeine Verhaltensmöglichkeit war, oder ob es als individuelles Fehlverhalten gedeutet und mit missbilligender Absicht erzählt wurde." (Riese, B., 2011, S. 237)

Bücher, Bilder, Hieroglyphen, Schrift

Um an die großen Ereignisse ihrer Vergangenheit zu erinnern, Tributlisten zu führen, religiöse Bräuche festzuhalten und um das Lob ihrer Herrscher zu singen, nutzen die Azteken eine Bilderschrift. Ähnlich wie die Codizes der Maya (deren Schrift allerdings deutlich höher entwickelt ist, vgl. Stähli, A., 2012, S. 35ff.), bestehen die Bildhandschriften der mexikanischen Ureinwohner aus langen Streifen aus Hirschleder oder Agavenpapier, die wie ein Leporello gefaltet sind und von Deckeln aus Holz geschützt werden. Darin sind szenenartige Bilder mit Hieroglyphen kombiniert. Aus dem Bezug von Bild und Text lässt sich der Inhalt für geübte Leser gut erfassen, allerdings bleibt immer ein gewisser Interpretationsspielraum.

Die aztekische Schrift „blieb auf dem Stand einer Partialschrift stehen, mit der man zwar konkrete Dinge,

Abbildung 15: Aztekische Bilderschrift aus dem Codex Boturini, Auszug der Azteken aus Aztlan

Kalenderdaten und Namen von Menschen und Städten wiedergeben konnte, nicht jedoch einen gesprochenen Text mit allen seinen sprachlichen Feinheiten und seinem Satzbau." (Riese, B., 2011, S. 42) Vermutlich stand eine Weiterentwicklung kurz bevor. „In diese Richtung fortzuschreiten hat nur ein anonymer Schreibkundiger im Reich von Aculhuahcan versucht, als er den historisch-geographischen Codex Xolotl malte und hieroglyphisch erläuterte." (Riese, B., 2011, S. 42) Über die Frage, ob dieser Schritt aus eigenem Antrieb erfolgt oder ob sich der Schreiber an spanischen Vorbildern orientierte, sind sich die Altamerikanisten uneinig.

Nur sehr wenige dieser Bilderschriften sind der Zerstörungswut der Spanier entkommen. Und sehr schnell nach der Conquista begannen aztekische Gelehrte, ihre eigene Sprache – das noch heute verbreitete Nahuatl – mit lateinischen Buchstaben zu verschriftlichen.

Feste und Festkreise

Zur Zeitrechnung der Azteken gehört ein sich regelmäßig wiederholender Zyklus von Festen und Festkreisen als Bestandteil der beiden parallelen Kalenderzählungen, von denen in Kapitel 1 schon die Rede war. Einige dieser Feiertage sind fester Bestandteil des Jahreskalenders mit seinen 18 Monaten à 20 Tagen, jeder Monat endet mit einem Feiertag. Im Frühjahr (nach unserem Kalender

Ende März) wird das Fest Tlacaxipehualiztli begangen, das Fest des Menschenschindens. Ein Priester streift sich die abgezogene Haut eines geopferten Menschen über, um an die Erneuerung der Natur im Frühling zu erinnern. Das Fest Atemotzli („Das Wasser kommt herab") steht für den Beginn der Regenzeit.

Einige Feste wiederholen sich nicht jährlich, sondern in längeren Zyklen. „Alle vier Jahre wurde im Monat Izcali ein Übergangsritus für Kleinkinder gefeiert. Den Kindern werden jetzt die Ohrläppchen durchbohrt, damit entsprechend der Sitte der Azteken Schmuck hineingehängt werden kann." (Riese, B., 2011, S. 38) Damit markiert dieses Fest einen Übergangsritus, wie sie viele Kulturen – auch die christliche mit Kommunion und Konfirmation – kennen. Jeweils nach acht Jahren findet das Fest der Wasserkrapfen statt (Atamalqualiztli). Es gilt der wichtigsten Nahrungspflanze der Azteken, dem Mais, dessen Regeneration mit

Abbildung 16: Die 20 Tage des Aztekenkalenders, beginnend unten rechts mit dem Tag Krokodil

diesem Fest sichergestellt werden soll. Damit einher geht eine achttägige Fastenzeit, während derer die Menschen ausschließlich ungewürztes, in Wasser getränktes Maisbrot essen. Sie gedenken damit der Nahrung eine Erholungspause zu gönnen – ähnlich wie heute beim Heilfasten.

Der längste Zeitkreis dauert 52 Jahre und bestimmt das Ende eines Kalenderzyklus aus Jahreskalender und Wahrsagekalender. „Es ist mit ihm gewissermaßen ein Ende der Zeiten erreicht, und ein Neuanfang ist angesagt. Um das zu kennzeichnen, mussten in spätindianischer Zeit überall im Land und in allen Haushalten die Herdfeuer gelöscht werden, schwangere Frauen wurden in großen Vorratskrügen versteckt, um sie vor bösen Geistern (...) zu schützen, die in dieser Übergangszeit ihr Unwesen trieben, und der Hausrat wird zerbrochen." (Riese, B., 2011, S. 39) Nachdem das alles geschehen ist, begeben sich speziell geschulte Priester auf den heiligen Berg der Azteken, den Huixachtecatl, der sich etwa zehn Kilometer entfernt von der Stadt befindet. Dort warten sie auf den Sonnenaufgang. „Wenn eine Stunde vor Zyklusende der entscheidende Augenblick nahte, wurde auf dem Sternenhügel von einem Priester in der Brust eines Opfergefangenen von hoher Herkunft das Feuer mit einem Drillbohrer entzündet. Sobald es aufleuchtete, schlitzte der Priester die Brust des Geopferten auf und warf dessen Herz in die Flamme." (Davies, N. 1973/1974, S. 127)

Die Erleichterung ist unermesslich. Der Chronist Bernardo de Sahagun beschreibt den weiteren Fortgang des Festes wie folgt: „Jedermann war in Angst und Sorge, bis die Flamme des ‚Neuen Feuers' zu sehen war. Dann stachen sie sich schnell in die Ohren und verspritzten das Blut wieder und wieder in Richtung des Feuers. Dasselbe taten sie bei kleinen Kindern, selbst wenn sie noch in der Krippe lagen." (zitiert nach Davies, N. 1973/1974, S. 128) Die auf dem Berg entzündete Flamme wird hinabgetragen und mit schnellen Läufern im ganzen Reich verteilt. Mit ihr werden die Herdfeuer neu entzündet, und das gewohnte Leben kann wieder beginnen.

Der Sonnenstein

Die Einteilung der Zeit in verschiedene Abschnitte ist ein wichtiger Teil der aztekischen Kultur. Das zeigt sich auch am sogenannten Sonnenstein. Diese ursprünglich aus dem Haupttempel von Tenochtitlan stammende immerhin 24 Tonnen schwere Monolith-Skulptur hat einen Durchmesser von 3,60 Meter und ist 1,22 Meter dick. Sie wurde 1790 bei Planierungsarbeiten auf dem Platz südlich der Kathedrale entdeckt.

Lange Zeit hielt man den Stein für eine Abbildung des aztekischen Kalenders. Inzwischen weiß man, dass seine Bedeutung viel weiter reicht und in der aztekischen Vorstellung die Zeitalter der Menschheit, Gegenwart und Zukunft sowie symbolisch das gesamte Universum abbildet. Das zentrale Bild des Sonnengottes Tonatiuh wird

Abbildung 17: Sonnenstein (piedra del sol)

dabei eingerahmt von Symbolen der vier vergangenen Zeitalter der Menschheit, die ihrerseits das x-förmige Zeichen der Aztekenzeit bilden. Dieses wiederum ist von den 20 Kalendertagen umgeben. (Boone, E.H., 1994, S. 92f.) Welche Funktion der Sonnenstein im Tempel genau hatte, ist bis heute nicht geklärt.

Grausame Götter in einer aufgeräumten Welt

Der Kreis der aztekischen Gottheiten ist groß und farbenprächtig. In diesem mehr als eintausend Götter umfassenden

Pantheon versammeln sich die eigenen Gottheiten und die der besiegten Völker. Wetterphänomene, Tiere, die Unterwelt, die Sterne, bestimmte Pflanzen und natürlich Sonne und Mond sind mit göttlichen Wesen verbunden oder symbolisieren deren Verkörperung. Kaum jemand wird alle Götter gekannt haben, vielmehr verehrte jede Bevölkerungs- und Berufsgruppe und Menschen jeden Lebensalters eigene Gottheiten. Allen gemeinsam ist aber der wichtigste und mächtigste unter den aztekischen Göttern, Huitzilopochtli, der Gott der Sonne und des Krieges (siehe Kapitel 1). In der Kunst wird er als Kolibri dargestellt. Manchmal trägt

Abbildung 18: Huitzilopochtli

er auch nur einzelne Kolibrifedern auf seinem Kopf und dem linken Bein. Er hat ein schwarzes Gesicht, führt eine Schlange mit dem Namen Xiuhcoatl mit sich und trägt einen Spiegel in der Hand. Ihm ist der Tempel auf der großen Doppelpyramide in der Hauptstadt gewidmet.

Weitere wichtige Götter sind Coatlicue („Die mit dem Schlangenrock"), die Mutter von Huitzilopochtli. Sie ist die Erdgöttin und steht für die beiden zentralen Aspekte des Daseins alles Lebenden, das Geboren-Werden und das Sterben-Müssen. Quetzalcoátl, die gefiederte Schlange, herrschte einst über die Tolteken und fährt mit einem Kanu um die Welt. Als Schöpfergott, Gott des Windes, des Himmels, des Krieges und der Erde wird er von allen Völkern des aztekischen Reiches verehrt.

Tlaloc heißt der Gott des Wetters und des Regens, Atlaua oder Atlahua („Herr des Wassers") ist der Gott des Wassers. Er gilt als Beschützer der Fischer und Bogenschützen. Tonatiuh („Der erhabene Adler") ist ebenfalls ein Sonnengott – ihm zu Ehren werden unzählige Menschen geopfert –, sein Abbild ziert noch heute den mexikanischen Peso. Xipe Totec („Unser Herr, der Gehäutete") ist der Gott der Aussaat-, Pflanz- und Frühlingszeit, zu der sich die Erde ein neues Kleid überstreift. Er steht für den Brauch, geopferte Menschen zu häuten und die Haut als Kleidung für Priester und andere Teilnehmer bei rituellen Zeremonien zu verwenden. Chicomecoatl („Sieben Schlange") ist die Göttin des reifen Getreides Mais, also des aztekischen

Grundnahrungsmittels. Für den jungen Mais hingegen ist Xilonen („Junge Maismutter") zuständig, eine weitere wichtige Maisgottheit ist Cinteotl („Mais-Gott").

Die Götter sind grausam, doch ihre Härte – so glauben die Azteken – kommt ihnen letztlich zugute. Die Götter wollen Opfer, um ihre Arbeit tun zu können. Häufig sind das Menschenopfer, aber auch Nahrung, Schmuck, Tiere und Kultgegenstände können als Gaben verlangt werden. „Das Darbringen von Opfern war unverzichtbar, weil die Götter, vor allem die Sonne, von der Wohl und Wehe der ganzen Menschheit abhing, für ihr anstrengendes Tagewerk der ständigen Stärkung bedurfte. Die kostbare Nahrung für sie aber war Blut aus schlagenden Menschenherzen. So gesehen war die Opferung von Menschen für die Azteken keineswegs ein Akt purer Grausamkeit, Rache oder Strafe, sondern der einzig gangbare Weg, auf dem die ständig vom Untergang bedrohte Welt gerettet werden konnte." (Kelm, A., Rammow H. 1999, S. 22)

Herzblut für die Götter

Die Azteken betrachten die Welt, in der sie leben, als einen bedrohten Ort. „The Aztecs understood their world to be a fragile and tenuous organism. It was inherently unstable, precariously balanced for the present, but liable to fall out of kilter at any moment." (Boone, E.H., 1994, S. 117) Um sicherzustellen, dass die Welt weiterbestehen kann und nicht in Chaos und Zerstörung versinkt, müssen die Menschen alle möglichen Anstrengungen unternehmen. „The world not only required constant attention to keep it upright, it also had to be fueled." (Boone, E.H., 1994, S. 117) Ein wohlgefälliges Leben und regelmäßige Opfer sind die heilige Energie, die die Welt der Azteken zusammenhält. Die Sonne muss kräftig genährt werden, um den Kampf gegen die Finsternis jeden Morgen aufs Neue zu gewinnen. Wenn die Menschen aufhören, diese Anstrengungen zu unternehmen, geht die Welt unter. „The Aztecs felt more than a straightforward obligation to the world around them; they considered themselves to be the people divinely ordained to maintain the cosmic system. It was their destiny to feed the supernatural forces, the gods with human blood." (Boone, E.H., 1994, S. 118)

Nicht nur das Blut zahlloser fremder Menschen und Tiere wird den Göttern zur Nahrung offeriert. Auch ihr eigenes Blut lassen die Azteken immer wieder fließen. Besonders kostbar ist der Lebenssaft von Königen und Priestern. Das königliche Blut garantiert das Wohlgefallen der Götter und wird deswegen zu vielen Anlässen vergossen. Dazu schneidet sich der Würdenträger mit einer scharfen Obsidianklinge ins Ohr, in den Arm oder in andere Körperteile. „The blood from their ears flows into the open mouth of the earth." (Boone, E.H., 1994, S. 118)

Bei besonderen Anlässen, zum Beispiel bei der Einweihung und Erweiterung von Tempelbauten, werden oft viele Menschen auf einmal geopfert. Bei anderen Gelegenheiten beschränkt man sich auf Einzelne, „die in der Regel während eines Jahres als menschliche Verkörperung einer Gottheit betrachtet und entsprechend prunkvoll und ehrerbietig behandelt wurden, bis sie schließlich am Festtag eben dieser Gottheit geopfert wurden." (Prem, H.J., 1995/2011, S. 33)

Die größte und wichtigste Opfergabe aber ist ein lebendiges, schlagendes Herz. „Die Opfergefangenen wurden in einem komplexen Ritual zunächst einzeln auf die Tempelplattform hinaufgeführt. Dort streckten vier Priester den Todgeweihten über den Opferstein aus und hielten ihn an seinen Gliedmaßen fest, damit der fünfte und eigentliche

Abbildung 19: Menschenopfer

Opferpriester ihm die Brust aufschneiden und das Herz aus dem Leib reißen konnte. Das noch zuckende warme Herz hob er dann weihend zur Sonne empor, während die anderen Priester den Leichnam des Geopferten die Tempeltreppe hinabrollten." (Riese, B., 2011, S. 225 f.) Im Verlauf dieser Zeremonie fließt das Blut in Strömen die Tempeltreppen hinab. Für die christlich geprägten Konquistadoren und spanischen Mönche war dies ein schauerlicher Anblick.

Über die Zahl der aztekischen Menschenopfer streiten sich die Gelehrten. Nach einem Bericht des Chronisten Torquemada sind bei der Fertigstellung des Haupttempels von Tenochtitlan unter dem Herrscher Ahuitzotl mehr als 60.000 Menschen bei der Einweihung geopfert worden. Andere Quellen sprechen von 40.000 Menschenopfern. Selbst die niedrigste Schätzung der aus diesem Anlass rituell getöteten Menschen in der Historia de los Mexicanos por sus Pinturas liegt noch bei 6.000 (Zahlen nach Riese, B., 2011, S. 225). Zwar werden immer wieder Stimmen laut, die Menschenopfer der Azteken seien eine Erfindung der spanischen Geschichtsschreibung, um die Gräueltaten der europäischen Eroberer zu verschleiern und nachträglich zu rechtfertigen. Dem widersprechen aber zahlreiche archäologische Funde von nachweislich blutgetränkten Steinen und Opferstätten.

Bei Ausgrabungen hat man in vielen aztekischen Häusern Gräber unterhalb der Wohnräume oder im Hof gefunden. Besonders Kinder werden nah bei ihren Familien begraben. Die Toten werden als Teil ihres sozialen Umfeldes betrachtet und sind im Alltagsleben weiterhin präsent. „It is likely that families conducted rituals or made offerings to their deceased members, much as modern Mesoamerican peoples do in the Day of the Dead on November 2." (Smith, M. E., 1953/2012, S. 213f.) Gleichgültig, wo die Toten ihre letzte Ruhe finden, nahe dem Haus, dem Acker oder im Wald, werden sie gut gekleidet und für ihre letzte Reise mit wertvollen Schätzen wie Juwelen und Edelsteinen ausgestattet. Häufig wird ihnen ein kleiner Hund mitgegeben, der sie auf ihrem Weg durch das Jenseits begleiten soll.

Das schönste Jenseits für Krieger und Menschenopfer

Für die Azteken ist das Leben mit dem Tod auf Erden noch lange nicht vorbei. Wer stirbt, lebt in einem von drei unterschiedlichen Jenseits-Formen weiter. Welches davon die Seele aufsucht, hängt davon ab, wie der Mensch, zu dem sie gehört, stirbt. Das ist zu Lebzeiten weder absehbar noch zu beeinflussen.

Wer eines natürlichen Todes stirbt, also an Altersschwäche oder einer Krankheit, hat einen langen, beschwerlichen

Weg vor sich, an dessen Ende das Reich von Mictlante-
cuhtli und seiner Frau Mictlancihuatl steht. Dort kommt
seine Seele zur Ruhe und verschwindet. Menschen, die
ertrunken sind, vom Blitz erschlagen wurden oder an einer
dem Wasser zugeordneten Krankheit wie Lepra, Gicht oder
Wassersucht sterben, gelangen nach Tlalocan, dem Reich
des Regengottes Tlaloc. Inmitten von blühenden Gärten
und sattem Grün fällt dort immer ein leichter Regen – ein
schöner Ort für eine müde Seele. Gewissermaßen das Paradies aber steht jenen bevor, die geopfert werden, als tapfere
Krieger auf dem Schlachtfeld sterben oder die in Gefangenschaft auf dem Opferstein ihr Leben lassen. Sie gehen
zu Tonatiuh, der Sonne. Dort werden sie zu Gefährten
von Huitzilopochtli und unterstützen die Sonne bei ihrem
alltäglichen Lauf über den Himmel. Auch Frauen, die im
Kindbett sterben, reisen dorthin. Ihre ehrenvolle Aufgabe
besteht darin, der Sonne bei ihrem Rückweg vom Zenit bis
zum Untergang im Westen zur Seite zu stehen.

Der Einzug in dieses schönste aller für die Azteken vor-
stellbaren Totenreiche dürfte das Sterben manches Kriegers
oder zum Opfertod Verurteilten erleichtert haben. Und
begründet gewiss zu einem guten Teil den legendären Mut,
den die Kämpfer in ihren Schlachten an den Tag gelegt
haben.

KAPITEL 3

Die Erwähltheit der Besten
Das soziale und ökonomische System der
„Checks and Balances"

Während der vergleichsweise kurzen Dauer des aztekischen Reiches verändert und diversifiziert sich dessen Gesellschaftsordnung immer stärker. Bereits während der Jahre der Wanderschaft hatte sich eine Adelsklasse herausgebildet, deren Position und Ansehen mit dem Aufstieg der verschiedenen Tlatoque in Tenochtitlan an Einfluss und Bedeutung gewinnen. Unter der Herrschaft von Itzcoatl (1428 bis 1440) festigen sich nicht nur der Machtbereich der Herrscher, sondern auch die Funktion, das Ansehen und die Sonderaufgaben des Adels.

So besitzen nur die Angehörigen dieser Elite Land und Luxusgüter. Sie erhalten eine besondere Ausbildung, genießen wirtschaftliche und zum Teil auch politische Macht und haben Bedienstete, die sich um ihr Wohlergehen und um die Bewirtschaftung ihrer Ländereien kümmern. Alle diese Privilegien stehen freilich unter Vorbehalt: Bei Fehlverhalten können sie jederzeit aberkannt werden. Das soll die adlige Elite disziplinieren, in geistlicher wie in wirtschaftlicher und politischer Hinsicht Verantwortung für das Gemeinwesen zu übernehmen.

Ein durch und durch offener Adelsstand

Unter der Regentschaft von Itzcoatl teilt sich der Adel in verschiedene Gruppen. Hierarchisch ganz oben regiert der Hochadel (Tecutli), ganz unten rangiert der sogenannte Verdienstadel (Quauhpilli). Dieser Stand kann durch besondere Leistungen und Verdienste für den Staat erlangt werden. Er ist vererbbar, so dass Familien innerhalb des Adels auf- und absteigen können. Beide Adelsgruppen sind in sich diversifiziert.

Auch innerhalb des normalen Volkes bilden sich klar voneinander abgegrenzte Klassen heraus (siehe Kapitel 2). Die große Masse der Bevölkerung stellen Handwerker und Bauern. Daneben genießen Fernhändler und besonders ausgebildete und talentierte Kunsthandwerker einen gesellschaftlichen Sonderstatus. Für jede Klasse gelten spezifische Regeln. „As in other complex, stratified societies, Mexica social organization was characterized by rules that provided for the differential allocation of power, privilege, prestige, and property. The rules identified highly valued positions in the society in conformity with cultural emphases, defined avenues of status attainment, and indicated how rewards were to be distributed to the successful occupants of social positions." (Berdan, F., 2005, S. 51)

Dabei entwickelt sich der präkolumbische Staat aber nicht zu einer starren Kasten- und Klassengesellschaft, wie es zum Beispiel in einigen asiatischen Kulturen üblich war.

„Er blieb immer ein sozial dynamisches Gemeinwesen, das allen die Möglichkeit eines gewissen gesellschaftlichen Aufstiegs gab. Der Staat der Azteken hat zwar einige Eigenschaften eines Feudalstaates im modernen politologischen Sinn, war jedoch nie ganz dahin gekommen." (Riese, B., 2011, S. 154) Besondere Leistungen im Krieg oder bei der Bewältigung wichtiger Regierungsaufgaben konnten mit der Erhebung in den Adelsstand belohnt werden. Allerdings stand diese Art des sozialen Aufstiegs nur wenigen Menschen und nur bei wirklich herausragenden Leistungen offen. „The Mexica system of social stratification combined ascription and achievement: Although access to most positions was controlled by birthright, the positions also required validation and allowed some mobility through achievement." (Berdan, F., 2005, S. 51)

Aufbau der aztekischen Gesellschaft

Adel		
Herrscher	Tlahtoani/ Tlatoque (pl.)	Oberste Herrscher wichtiger politischer Gebilde (Städte, Reiche)
Stellvertreter des Herrschers	Ciucoatl	
Feudalherren, Fürsten	Tecutli/ Tetecutin (pl.)	Kontrollieren ein kleineres Gebiet, nehmen wichtige Führungspositionen im Heer ein.
Adel	Pilli/ Pipiltin (pl.)	Nachkommen der Herrscher- und Fürstenhäuser, nehmen wichtige Positionen in Religion, Kultur, Verwaltung und Militär wahr, verfügen über Landbesitz und Bedienstete.

Sonderstatus		
Händler	Pochtecatl/ Pochteca (pl.)	Händler sind nach Gilden organisiert und agieren über weite Distanzen. Sie haben eine eigene Gerichtsbarkeit und fungieren als Spione in feindlichem Terrain.
Kunsthand-werker	Tolteccatl/ Toltecca (pl.)	Handwerker, die mit kostbaren Materialien arbeiten und wichtige Luxusgüter herstellen. Sie sind in Gilden organisiert.
Volk		
Untertanen	Macehualli/ Macehualtin	Bauern, Fischer, einfache Handwerker, bilden den Hauptteil der Bevölkerung. Sie organisieren sich in Siedlungsverbänden (Calpulli).
Landarbeiter	Mayeque (sing./pl.)	Arbeiten auf den Feldern und in den Häusern des Adels.
Sklaven	Tlacotli/ Tlacotin	Mit Zwang verpflichtet zur Arbeit für den Adel, aber keine Sklaverei im üblichen Sinne, denn Zwangsarbeit ist nicht vererbbar, Söhne und Töchter werden als Freie geboren. Gründe für die Zwangsarbeit: wirtschaftliche Not, Spielsucht oder Bestrafung nach schweren Vergehen wie zum Beispiel Diebstahl.

Abbildung 20: Aufbau der aztekischen Gesellschaft, Zeichnung von Erwan Seure-le Bihan

Anders als in einem Feudalstaat ist der politische Einfluss des aztekischen Adels relativ gering. Insofern wird er auch nicht zu einer ernsthaften Gefahr für den patrimonial agierenden Tlahtoani. Politisch liegt die Macht in seinen Händen und in denen seiner Berater. „Was die Spitze des

Staates angeht, blieb das aztekische Königtum ein Wahlkönigtum, das das Reich in der Art eines Patrimoniums verwaltet und auf dem Amtscharisma seiner Herrscher gründet", leitet der Altamerikanist Bertold Riese (2011, S. 154) einen erhellenden West-Ost-Vergleich ein. „Es hat sich also auch hier nicht zu einem Extrem entwickelt, wie es der europäische Absolutismus darstellte, neigte aber stark zur patrilinearen Abfolge innerhalb einer Familie. In dem letztgenannten Aspekt erscheint er dem vormodernen China und dem Deutschen Reich unter den Habsburgern nicht unähnlich."

Das zeigt sich auch und besonders bei der Führungsnachfolge. Wie schon im vorangegangenen Kapitel erläutert, kann nach dem Tod eines Tlahtoani nicht „testamentarisch" ein Nachfolger bestimmt oder durch automatische dynastische Erbfolge eingesetzt werden. Stattdessen wird er von einem Wahlgremium aus Mitgliedern des Hochadels, Kriegern und Vertretern der bürgerlichen Korporationen gewählt (vgl. Riese, B., 2011, S. 305).

Allerdings steht nicht jeder Adlige zur Wahl. Der neue König muss von edelster Abstammung sein und zur männlichen Nachkommenschaft des Acamapichtli, des ersten aztekischen Herrschers der Stadt Tenochtitlan, gehören. Der künftige Herrscher muss sich zudem in vielen öffentlichen Ämtern bewährt, muss erfolgreich Kriege geführt und sich dort durch hohe Kommandos und mutige Taten ausgezeichnet haben. Schon daraus erschließt sich, dass es nie nur einen potentiellen Nachfolger geben kann; schließlich ist immer damit zu rechnen, dass ein möglicher Anwärter die gefahrvollen Kriegstaten nicht überlebt. „Die politische Voraussetzung für den Zugang zum Amt des Herrschers erfüllt in der Regel nur, wer zuvor den höchsten militärischen Rang, den des ‚Generals' (Tlacateccatl) bekleidet hatte. Wer in diesem Amt vorgerückt war und in der Folge politisch und militärisch nicht versagte oder vorher starb, konnte damit rechnen, nach dem Tod des regierenden Herrschers zu seinem Nachfolger ‚gewählt' zu werden." (Riese, B., 2011, S. 302)

Politische und wirtschaftliche Macht liegen also im Reich der Azteken eng beieinander, überschneiden sich aber nicht vollständig. Trotzdem ist der gesellschaftliche, kulturelle und wirtschaftliche Einfluss des Adels immens. Schließlich sind es seine Mitglieder, die durch eine umfangreiche Ausbildung, beste Verbindungen und wirtschaftliche Macht Führungsrollen übernehmen und die Gesellschaft prägen.

Privilegien werden verliehen, nicht geschenkt

In den aztekischen Hochadel hineingeboren zu werden, ist noch kein Verdienst, aber ihn durch wirklich herausragende Leistungen erworben zu haben, ist eine enorme Ehre. Die Angehörigen der Elite werden vom Volk verehrt und erfreuen sich eines hohen Lebensstandards – durchaus vergleichbar mit dem europäischen Adel ihrer Zeit. Je höher sie in der Hierarchie des Staates stehen, desto offener ist ihr Zugang zu den Luxusgütern und Privilegien ihres Standes. Sie genießen den uneingeschränkten Respekt des gemeinen Volkes und sind sich seiner Dienstbeflissenheit sicher. Allerdings haben diese Vorrechte einen hohen Preis. „Oh mögest du Sklavendienst leisten, mögest du arbeiten, mögest du das Beschwerliche tragen, die Traglast, das Unbequeme, das Unerträgliche", beschreibt Fray Bernardino de Sahagún in seiner Historia General die Pflichten des Adels (zitiert nach Riese, B., 2011, Seite 297). Wer die hohen Anforderungen, die die Elite an ihre Mitglieder stellt, nicht erfüllt, riskiert nicht nur Ansehen und Ruf, sondern oft auch das Leben.

Selbstbeherrschung als Kerndisziplin

Zu den wichtigsten Kennzeichen aristokratischen Wohlverhaltens zählen Bescheidenheit, Zurückhaltung und Selbstbeherrschung. „Ein gebildeter Mensch ist zunächst ein Mensch mit Selbstbeherrschung, der seine Empfindungen nicht zur Schau stellt – außer wenn es erlaubt und angebracht ist – und der in allen Lebenslagen ein würdiges Auftreten und bescheidene Zurückhaltung an den Tag legt." (Soustelle, J., 1986, S. 391) Zu den Idealen der Elite gehört eine an das antike Rom gemahnende Gravitas, also Würde, Erhabenheit und eine edle Selbstbeherrschung im Denken und Tun. Wer diese nicht an den Tag legt, bringt es nicht weit. „Noch nie ist ein stolzer, hochmütiger oder lauter Mensch zum Würdenträger ernannt worden; nie hat ein unhöflicher, schlechterzogener, in Sprache und Ausdruck derber Mensch oder einer, der alles herausplappert, was ihm einfällt, sich auf einem icpalli (einer Matte, Anm. des Autors) niederlassen dürfen." (Bernadino de Sahagun, Florentiner Codex, zitiert nach Soustelle, J., 1986, S. 392) Kontrollierte Rede, gut überlegte und durchdachte Handlungen, edle Gesinnung und Fürsorge für die Mitglieder seines Haushalts zeichnen den echten Adligen aus. Übermaß und hochmütiges Verhalten sind ihm wesensfremd. „Und wenn es vorkommt, dass ein Würdenträger sich schlechte Witze erlaubt oder leichtfertig daherredet, so wird er zum tecucuecuechtli, das heißt zum Narren gestempelt." (Bernadino de Sahagun, Florentiner Codex, zitiert nach Soustelle, J., 1986, S. 392)

Das Ideal der Gravitas der geistigen und kulturellen Elite zeigt sich besonders beim Maßhalten und bei der Selbstkontrolle angesichts leiblicher und geistiger Versuchungen und Vergnügungen und im Alltagsleben. So wie die Städte und Gärten der altmexikanischen Hochkultur ebenmäßig und mit Bedacht gestaltet sein sollen, müssen auch die Menschen den höchsten Anforderungen genügen. Je höher sein Rang, desto höher sind die Maßstäbe, die an sein Verhalten gelegt werden. Das zeigt sich schon in der besonders strengen und komplexen Ausbildung der jungen Adligen, von der im nächsten Kapitel die Rede sein wird, aber auch

in den strengen Verhaltensregeln und Strafen für ungebührliches Verhalten. Von Jugend an sind alle Mitglieder
der aztekischen Gesellschaft gehalten, ihre Sprache, ihr
Verhalten und ihre körperlichen Bedürfnisse zu kontrollie-
ren und in geordnete Bahnen zu lenken.

Eine gewählte, ruhige Sprache

Alle Ausdrucksformen von überbordender Emotionalität
wie Impulsivität, laute Worte, Zorn und übermäßige
Freude sind verpönt. Die Elite der Azteken wird dazu
erzogen, eine ruhige, gemäßigte Sprache zu führen, sich
gewählt auszudrücken und möglichst wenig Gefühle zu
zeigen – es sei denn, dies ist ausdrücklich erwünscht und
gefordert. Zuhören zu können und dem anderen auch
sprachlich mit gebührendem Respekt entgegenzutreten,
gilt als hohe Tugend.

Das Nahuatl, die Sprache der Azteken, ist geprägt durch
diese besondere Liebe zu einer gepflegten Ausdrucksweise.
„In der Tat besitzt das Nahuatl alle Eigenschaften, die
eine Kultursprache kennzeichnen. Ihre Aussprache ist
leicht, ihr Tonfall harmonisch und klar. Ihr Wortschatz ist
außerordentlich reich und ihre Verbindungsmöglichkeiten
schaffen jedes gewünschte Wort, insbesondere auf dem
Gebiet der Begriffe. Sie eignet sich großartig zur For-
mulierung der feinsten Schattierung des Gedankens und
des Sinnhaften. Sie lässt sich ebenso gut für die kernige

Kürze der Jahrbücher wie für die rednerische Buntheit der Vorträge oder die Bildsprache der Dichtkunst verwenden." (Soustelle, J., 1986, S. 410)

Gemäßigtes Verhalten

Auch die Freiheit des körperlichen Ausdrucks ist von Konventionen begrenzt. Rennen, hüpfen, springen und herumtoben werden als ungebührlich empfunden. Wer sich in der Öffentlichkeit bewegt, soll dies in angemessener Würde und mit großer Selbstdisziplin tun. Ungestüm und Hast müssen im Zaum gehalten werden. Wer gegen diese Regel verstößt, gilt als schamlos oder dumm. „Auf der Straße soll man ruhig einhergehen, weder zu rasch noch zu langsam (...) Lass beim Gehen den Kopf nicht nach vorn herunter oder auf die Seite hängen, schau auch nicht dauernd nach rechts und links, sonst sagt man, du seist dumm, unerzogen und zuchtlos", beschreibt Sahagun das gewünschte Verhaltensmuster (zitiert nach Soustelle, J., 1986, S. 394).

Gehorsam, Fleiß und Dezenz in der Außenwirkung

Wer von einem Menschen, der ihm gesellschaftlich überlegen ist, aufgefordert wird, einen bestimmten Dienst zu leisten, soll dies sofort und ohne wiederholte Aufforderung tun. Mangelnder Gehorsam gilt als Faulheit oder Widerspenstigkeit und wird entsprechend geahndet.

Wer zu viel schläft, sich Tagträumen hingibt, wer nicht die von ihm geforderten Arbeiten erledigt, gilt als faul und verachtenswert. „Thou art not to give theyself excessively to sleep (...) lest thou wilt be named a heavy sleeper (...) a dreamer" schreibt Sahagun (zitiert nach Berdan, F., 2005, S. 79).

Das Gleiche gilt für die Eitelkeit. Kleidung und Schmuck sollen standesgemäß, aber keineswegs übertrieben sein. Dazu gehört die in Kapitel 2 beschriebene restriktive Kleiderordnung, die dafür sorgt, dass beide Geschlechter ihre Scham und die Frauen auch den Brust- und Schulterbereich verdeckt halten. Die Rocklängen sind sowohl für Männer wie für Frauen genau vorgeschrieben. Ausnahmen gibt es nur für Krieger, deren längere Röcke vorhandene Narben an den Beinen verdecken dürfen.

Mäßigkeit

Die dauerhafte Maxime des Maßhaltens gilt besonders bei der Erfüllung körperlicher Bedürfnisse, beim Essen und Trinken und bei der Sexualität. Gleichgültig, wie reich der Tisch gedeckt ist und wie viele Köstlichkeiten die Küchen der Vornehmen produziert haben – die Mahlzeiten werden bedächtig und mit anmessendem Respekt eingenommen. Schlingen, übermäßiger Konsum alkoholischer Getränke und Völlerei gelten als verachtenswert. Es gelten ähnliche Regeln wie an preußischen oder britischen Höfen im 19.

Jahrhundert: „Iss bei Tisch nicht zu rasch und nicht zu unbeherrscht, nimm nicht zu große Bissen, und stopf dir den Mund nicht so voll, schling das Essen nicht herunter wie ein Hund, zerstückle den Kuchen nicht und hänge nicht gierig über dem Teller." (Sahagun, zitiert nach Soustelle, J., 1955/1986, S. 394)

Dieser strenge Verhaltenskanon gilt für alle Angehörige der aztekischen Elite. Je höher allerdings der gesellschaftliche Stand ist, desto restriktiver werden Vergehen geahndet. Im Laufe seines Lebens wird jeder Bürger und Adlige wiederholt an seine Verpflichtungen und an die Maßstäbe, an denen er gemessen wird, erinnert. Bei der Geburt, beim Eintritt in die Erwachsenenwelt, bei der Hochzeit und beim Tode werden von weisen alten Männern ritualisierte Reden darüber gehalten, die die wichtigsten Verhaltensregeln klar und deutlich aufzählen. Diese „Vorschriften der Ältesten" (Huehuetlatolli) genannten Reden stellen eine eigene Form im Schrifttum der Azteken dar und gehören zu ihren wichtigsten Überlieferungen (vgl. Berdan, F., 2005, S. 16).

Jedes Vergehen wird hart bestraft

Aztekische Aristokraten bewegen sich zeitlebens auf einem schmalen Grat. Jegliches von den sozialen Vorschriften abweichende Fehlverhalten wird entweder von den Göttern oder von der Gesellschaft geahndet. Bestimmte

Krankheiten, Unglücke und Naturkatastrophen werden als Strafen der Götter für sündiges Verhalten angesehen. Faulheit, Laster, Feigheit im Krieg, ungebührliches oder respektloses Verhalten werden von der Gesellschaft unbarmherzig geahndet, manchmal mit dem Entzug von Privilegien, oft jedoch auch mit dem Tod oder lebenslanger Versklavung. „Nobles as well as commoners were subject to the strict legal codes and swift justice of the Mexica. Indeed, the higher the rank, the more severe were the penalties." (Berdan, F., 2005, S. 54).

Wer sich eines schweren Verbrechens schuldig gemacht hat, wird aus seiner Hausgemeinschaft verbannt und normalerweise auch von keiner anderen aufgenommen. Mörder werden getötet oder zu Sklavendiensten in den Familien ihrer Opfer verpflichtet. Diebe müssen das gestohlene Gut ersetzen, indem sie bei den Bestohlenen Sklavenarbeit verrichten. Wiederholungstätern droht die Todesstrafe. „Aztec justice was swift and generally unforgiving, for crimes were dangerous to a balanced world." (Boone, E., H. 1994, S. 117)

Trunkenheit in der Öffentlichkeit gilt den Azteken als schweres Versagen, das nur bei alten Menschen geduldet werden kann. Ein Angehöriger des gemeinen Volkes, der hierbei ertappt wird, bekommt zur Strafe den Kopf geschoren, was ihn sichtbar vor aller Welt demütigt. Einem Angehörigen der Elite droht für das gleiche Vergehen sogar die Todesstrafe. Auch Amts- und Machtmissbrauch wird scharf geahndet. „Severe sentences were pronounced on judges or other administrative officials who accepted brimes, favored nobles over commoners in court, or otherwise used their public offices for personal gain." (Berdan, F., 2005, S. 55)

Prinzipiell unterliegt auch der Tlahtoani, der König selbst, diesen Regeln. Allerdings bleiben Verstöße bei ihm meist folgenlos. Als Axayacatl den mutigen Musiker auszeichnet, indem er ihn reich beschenkt und homosexuell penetriert (siehe Kapitel 2), wird dieses Verhalten zwar missbilligt, aber nicht weiter geahndet. Auch wenn von anderem sexuell ausschweifenden Gebahren aztekischer Herrscher erzählt wird, geschieht das meist mit dem Blick auf das bittere Ende, das diese schlechten Vorbilder aufgrund ihres Lebenswandels genommen haben. „Im Fall des Herrschers von Taltiloco, Moquihuix, der seine ungewöhnlichen sexuellen Begierden breit auslebte, wird das tadelnd beschrieben (...). Da jedem Azteken bekannt war, welch unrühmliches Ende Moquihuix genommen hatte, diente dieses Beispiel in jeder Hinsicht der Abschreckung." (Riese, B., 2011, S. 236)

Besonders hart werden Jugendliche für ungebührliches sexuelles Verhalten bestraft. Häufig scheuen die Familienvorstände der Adelshäuser nicht einmal davor zurück, ihre eigenen Kinder zum Tode zu verurteilen: „A son of a great lord scaled a wall and entered the house wherein the daughters oft he king of Texcoco were reared and spoke to one of them. He stood as he did this, and nothing more happend.

The ruler learned of it, but the young man was warned and hid. (…) But the ruler ordered that the maiden, his own beloved daughter, should be strangled." (Alonso de Zorita, Life and Labor in Ancient Mexico, 1570, zitiert nach Berdan, F., 2005, S. 55).

Die rigide Justiz- und Strafpraxis der Azteken hat ihren Sinn. Zum einen dient sie der Abschreckung und senkt damit die Kriminalitätsrate. Zum anderen aber, und das ist innerhalb des aztekischen Rechts- und Glaubenssystem sehr wichtig, hat sie eine kathartische Wirkung: Indem die Gesellschaft Fehlverhalten rigoros bestraft, reinigt sie sich. Das gilt umso mehr, wenn es Angehörige der Eliten betrifft. Denn sie tragen eine höhere Verantwortung für das Gemeinwohl und für den Fortbestand der aztekischen Kultur als einfache Bürger.

Hüterinnen des Hauses: Die Position der Frauen

Die Aufgaben von Frauen und Männern sind bei den Azteken strikt getrennt. Den Frauen obliegt die Hausarbeit und die Versorgung der Familie mit Nahrung und Kleidung. Während die Männer auf den Feldern arbeiten oder ihre sonstigen Verpflichtungen im Krieg, in den Tempeln oder im öffentlichen Raum wahrnehmen, sind die Frauen sehr eng an Haus und Hof gebunden. Hier verbringen sie den größten Teil ihres Lebens. Sie spinnen, weben und nähen, kochen und putzen. Damit tragen sie einen wichtigen Teil zum Unterhalt der Familie bei. „Her textiles were needed to pay taxes and rent, and any extra cloth a woman made could be exchanged for other goods. She did the marketing for the family, buying the weekly necessities and selling the family's surplus food or craft products." (Berdan, F., 2005, S. 133) Die Textilproduktion, also das Spinnen und Weben, ist eng mit der weiblichen Identität verknüpft. Selbst adlige Frauen, die über einen großen Haushalt und Dienstboten verfügen, verbringen damit einen großen Teil ihrer Zeit.

Junge Mädchen werden frühzeitig dazu angehalten, diese Tätigkeiten zu lernen und ihre Mütter und Tanten zu unterstützen. Auch sie sollen lernen, zurückhaltend und gehorsam zu sein und Respekt vor anderen zu haben. Wenn sie verheiratet werden, oft schon mit zehn oder zwölf Jahren, verlassen sie das Elternhaus und leben von da an im Haus ihrer Ehemänner. Waisenkinder werden nach Möglichkeit vom Familienverband versorgt und leben im Haushalt leiblicher Onkel oder Tanten. Dort haben sie allerdings meist einen niedrigeren Status als die direkten Nachkommen des Hauses.

In den ersten Lebensjahren sind − unabhängig von Stand und Status der Familie − die Eltern für die Erziehung und Ausbildung der Kinder zuständig. Später wird den adligen Jungen eine Eliteausbildung in sehr strengen Tempelschulen (Calmecac) zuteil. Die Buben aus dem Volk bekommen im Jungmännerhaus (Telpochcalli) eine umfassende Grundausbildung (ausführlich dazu in Kapitel 4).

Je höher das Ansehen der Familie ist, desto größer ist in der Regel der zu versorgende Haushalt. Die Angehörigen der Elite haben Bedienstete, die die Herrin des Hauses und ihre Töchter entlasten. Mit steigendem Rang, sozialem Prestige und gesellschaftlichem Ansehen wird die aztekische Adlige immer mehr zu einer Managerin, die plant, die Aufgaben verteilt und deren Erledigung kontrolliert.

Während die Angehörigen des Volkes und des niedrigen Adels monogam leben, ist es dem Tlahtoani erlaubt, zahlreiche Haupt- und Nebenfrauen zu haben. Dies gebietet die politische Räson, denn mit jeder strategischen Hochzeit bindet das Oberhaupt das Volk, aus dem seine neue Gattin stammt, an sein eigenes Haus. Häufig wählen die Aztekenkönige dafür Töchter der Herrscherfamilien eines gerade besiegten Volkes, manchmal auch die Witwen der zuvor getöteten feindlichen Anführer.

Die Praxis der strategischen Hochzeit bedeutet allerdings auch, dass gerade Frauen, die hohes gesellschaftliches Ansehen genießen, im Falle einer Niederlage im Krieg dem hohen Risiko ausgesetzt sind, verschleppt und zu einer Ehe mit einem fremden Adligen gezwungen zu werden.

Noblesse oblige – Adel verpflichtet

Je höher der gesellschaftliche Rang eines Azteken, desto größer sind die Anforderungen, die an ihn gestellt werden und desto strenger steht er unter Beobachtung. Wer es durch die Kombination von hoher Geburt, einwandfreiem Lebenswandel, Kriegsglück und politischem Geschick auf den Thron des Tlahtoani geschafft hat, trägt die schwere Last der Verantwortung für Glück und Wohlergehen der ihm anvertrauten Menschen. Diese Bürde ist dem Volk wohl bewusst. Deswegen wird der Herrscher für seine guten Taten, seine Umsicht und seinen Mut bewundert und verehrt. Neid über seine Privilegien erfährt er nur selten.

Der unbedingte Respekt vor der Last des Amtes spiegelt sich auch in den offiziellen Reden zur Amtseinführung. „Herr, sagte man zu ihm, nun wirst du die Last und das Gewicht des Staates tragen! Du wirst deinen Rücken unter die schwere Bürde der Regierung stemmen müssen. Unser Gott lege dir auf Schultern und Arme die Sorge um die Führung eines Volkes, das unbeständig und jähzornig ist. Du, Herr, wirst auf Jahre hinaus dies Volk wie ein Wickelkind zu erhalten und zu pflegen haben." (Soustelle, J., 1955/1986, S. 399) Der Königsweg zu der schweren Aufgabe, der sich der Tlahtoani stellen muss, liegt darin, sich streng an das Regelwerk der Azteken zu halten. „Bedenke, Herr, dass du von nun an auf einem hohen Kamm, auf einem schmalen Pfad, zu dessen Seiten ein tiefer Abgrund gähnt, schreiten wirst. (...) Sei mäßig in der Ausübung deiner Macht, zeige weder Zähne noch Krallen. (...) Erfreue und ergötze das Volk mit Spielen und erbaulichem Zeitvertreib, denn dann wirst du geliebt und geachtet sein." (Soustelle, J., 1955/1986, S. 399 f.)

Zu der Fürsorgepflicht dem Volk und dem Adel gegenüber gehört für die Herrscher von Tenochtitlan der weitere Ausbau und die Verschönerung der Stadt und die Versorgung ihrer Einwohner mit Wasser und Nahrung. „Der große Seedeich, den Ilhuicamina in Zusammenwirken mit dem Herrscher von Tetzcuhco, Nezahualcoyotl, hat errichten lassen, war vermutlich das gewaltigste Bauvorhaben, das direkt der Fürsorge für die Untertanen diente." (Riese, B., 2011, S. 316) Auch mit anderen Großprojekten, wie zum Beispiel dem Bau von Wasserleitungen zur Trinkwasserversorgung der Stadt, trachten die Herrscher, der Verpflichtung gegenüber ihrem Volk nachzukommen. Das Gleiche gilt für den Bau der Dammstraßen, die die Insel mit dem Festland verbinden.

Auch die Versorgung mit Nahrungsmitteln ist eine wichtige Messlatte für das Wohlergehen der Bevölkerung. Besonders in den Jahren 1446 bis 1456, 1489 bis 1491 und 1502 bis 1506 setzen Dürreperioden und Frosteinbrüche der intensiven Landwirtschaft zu und führen zu Hunger und Unterversorgung. Um die Folgen dieser Naturkatastrophen zu mildern, wird pflanzliche Nahrung, vor allem Mais, zentral gelagert und bei Bedarf ausgegeben. Allerdings erreichen die Azteken bei der Lagerhaltung und Zentralisierung von Vorräten bei weitem nicht die Perfektion und Effizienz der Inka, die hier unter ihren Zeitgenossen weltweit unerreichte Maßstäbe setzen (vgl. Stähli, A., 2013). „Daher rührt es auch, dass wir aus Zentralmexiko immer wieder von vielen Hungertoten und von der Auswanderung Hungernder in klimatisch mildere Gegenden an die Meeresküsten und in die Tiefländer hören." (Riese, B., 2011, S. 316)

Fürsorge hat nur eine symbolische Bedeutung, spielt aber eine bedeutende Rolle für den Erfolg und das Ansehen des Tlahtoani. Ihm obliegt es, Adlige zu ernennen, Ländereien zu vergeben und Kriegsbeute gerecht zu verteilen. Hier gilt es, Übersicht zu behalten, Besonnenheit zu zeigen und kluge Entscheidungen zu treffen. Oft genügt schon die bloße Anwesenheit des verehrten Herrschers, um das Volk in Euphorie zu versetzen. „Auch darf nicht unterschätzt werden, dass das Amtscharisma des aztekischen Herrschers, vor allem in der Spätzeit, so groß war, dass schon seine Gegenwart bei Festen, Opfern und Empfängen, zum Beispiel bei solchen, die die Gilden der Fernkaufleute organisierten, den Betroffenen als große Wohltat vorkommen musste. Insofern diente der herrscherliche Prunk indirekt auch der Fürsorge des Volkes." (Riese, B., 2011, S. 317)

Im Gegensatz zu den auf Selbstbeschränkung, ja Kasteiung setzenden Verhaltensregeln ist das Leben in den Palästen von Tenochtitlan, besonders im Hause des Tlahtoani, alles andere als spartanisch. Je prunkvoller er residiert, je reicher sein Tisch mit kostbaren Speisen gedeckt ist, je schöner die Frauen sind, die ihn umgeben, desto größer ist das Ansehen des Herrschers. Täglich werden ihm bis zu 2.000 verschiedene Speisen serviert, von denen er sich reichlich – jedoch mit der gebotenen Bedächtigkeit – bedient. Was er nicht verzehrt – und dabei dürfte es sich um eine beträchtliche Menge an Nahrungsmitteln handeln –, wird weitergegeben. „Und sobald der Herrscher zu Ende gegessen hatte, wurden alle übriggebliebenen Speisen verteilt. Die Adligen in der Stadt und die Leute aus fremden Städten aßen für sich: Die Botschafter, die Kriegsunterhändler, die Prinzen, die Richter, die Offiziere, die Lehrer, die Schulvorsteher, die Küster, die Priester, die Sänger, die Pagen, die Diener, die Gaukler, die verschiedenen Kunsthandwerker: Goldschmiede, Federarbeiter, Juweliere, Mosaikleger, Schuhmacher und Türkisschneider." (Sahagun, Historia General, Buch 8, Kapitel 13, zitiert nach Riese, B., 2011, Seite 318).

Die lange Liste belegt: Vom Überfluss der reich gedeckten herrschaftlichen Tafeln und von der Kochkunst seiner Bediensteten profitieren nicht nur der Hof und die direkte Umgebung des Tlahtoani, sondern auch Adel, Beamte und renommierte Mitglieder des Bürgertums, vor allen jene

Kunsthandwerker, deren Professionen Sahagun auflistet. Erneut zeigt sich, dass mit dem Privileg eine Verpflichtung einhergeht: Vom Herrscher wird erwartet, dass er die köstlichsten Speisen genießt und schätzt, aber auch, dass er sie mit seinem Volk teilt.

Ein weiteres, allein durch Selbstbeherrschung eingeschränktes, Vorrecht der Throninhaber ist der nahezu uneingeschränkte Zugang zu sexueller Befriedigung. Um auch hier dem Idealbild des strahlenden Herrschers zu entsprechen, gehört es dazu, „dass sie bei öffentlichen Auftritten besonders begehrenswert erscheinen wollten und ihren Körper deshalb mit wohlriechenden Salben cremten und auch das tägliche Bad nicht versäumten. Sie gaben sich aber zugleich aufgrund ihrer Erziehung nicht exzessiv außerehelichen Gelüsten hin." (Riese, B., 2011, S. 320)

Sicherlich erfüllen nicht alle aztekischen Herrscher und vor allem nicht alle Angehörigen der Adelshäuser die hehren Vorgaben des aztekischen Verhaltenskodexes. Menschliche Schwächen wie Neid, Missgunst, Intrigen, Maßlosigkeit und Bosheit sind auch ihnen nicht fremd. Der Stellenwert, der dem Wohlverhalten beigemessen wird, und seine an Idealen ausgerichteten Vorgaben lassen aber durchaus den Schluss zu, dass hier begabte Berater am Werk waren, die einen der menschlichen Natur zuträglichen Modus vivendi gefunden haben – zumindest was den alltäglichen Umgang miteinander angeht. Diese Richtlinien haben sich in der alltäglichen Praxis bewährt. Die Kehrseite der Medaille ist der in unseren Augen unmenschliche Aspekt der intensiven Kriegs- und Menschenopferpraktiken. Beides fußt auf dem Gefühl einer ständigen Bedrohung durch willkürliche göttliche Mächte, die nur durch Disziplin, Wohlverhalten und äußerste Konsequenz in der Umsetzung der für richtig befundenen Mittel gefällig gestimmt werden können.

Es ist bezeichnend, dass die aztekische Oberschicht, die zu den besten und mutigsten Kriegern Mesoamerikas gehört, in ihrem Alltagsleben Harmonie, Contenance und Selbstbeherrschung sucht. In ihren wohlformulierten und gut durchdachten ethisch moralischen Vorschriften spiegelt sich ein Bedürfnis nach Ordnung in einer als chaotisch und feindlich empfundenen Welt. Uns, als christlich geprägte Europäer, erfüllt der Gedanke an die zahlreichen Menschenopfer, das damit verbundene Leid und die unvorstellbare Grausamkeit in den makabren Einzelheiten der Opferpraxis mit Entsetzen. Doch für die Angehörigen der Elite sind sie zwingend erforderliche Akte, um die Götter gnädig zu stimmen und ihnen für ihre eigene Erschaffung zu danken.

KAPITEL 4

Eine harte Schule

Das Bildungssystem der Azteken

In Kapitel 3 haben wir gesehen, wie strukturiert und organisiert die aztekische Gesellschaft aufgebaut ist. Dieses dringende Bedürfnis nach starrer Ordnung, Regelung und Kontrolle – das sich vielleicht auf die lange Zeit der Wanderschaft und Unrast zurückführen lässt – zeigt sich auch im Blick auf die Aufgaben im Leben und auf die Erwartungen an die Menschen. Auch hier gibt es Vorschriften und eine exakte Gliederung nach Lebensabschnitten. Sie ist weit weniger durchlässig und offen als in modernen Gesellschaften und um Längen straffer und strenger, als das aus primitiven Kulturen bekannt ist.

Feste Regeln für jedes Lebensalter

Jedes Mitglied des aztekischen Volkes durchläuft in seiner persönlichen Entwicklung eine Reihe an Stationen, auf deren penible Einhaltung zwingend bestanden wird. Von Geburt an ist die Erziehung der Kinder darauf ausgelegt, ein funktionierender Teil der Gesellschaft zu werden. Sie ist überaus streng – noch strenger, als wir das bei den Maya und Inka sehen – und erlaubt wenig Freiraum. Spontaneität, kritisches Denken und Kreativität werden durch die gebündelten Vorschriften des Glaubens und denen der aztekischen Gesellschaft unterdrückt. Jedem, der sich den Bestimmungen der Obrigkeit widersetzt, drohen harsche Strafen bis hin zum Tod auf dem Opfertisch. Mitgefühl, Empathie und Fürsorge gelten als Zeichen von Schwäche und werden sanktioniert. Nur so glauben die Azteken, die Ordnung ihrer Gesellschaft aufrechterhalten und damit ihre Existenz als Volk sichern zu können.

„Die Religion nahm in der aztekischen Gesellschaft einen breiten Raum ein. (...) Sie war ein Mittel, das Volk zu integrieren. Das eigene ebenso wie die Unterworfenen. Doch darüber hinaus gab es auch noch eine andere Kraft, die diese Integration gewährleistete. Zumindest, was die Azteken im engeren Sinne betraf. Es war dies eine weitgehend vom Staat kontrollierte Erziehung, die sowohl informaler als auch formaler Art war. Diese Erziehungspolitik war darauf ausgerichtet, gehorsame Bürger zu schaffen. Sie diente nicht dazu, den Menschen mündig zu machen." (Westphal, W., 1990, S. 131 f.)

„Der nicht geschundene Mensch ist auch nicht erzogen." Mit diesem Wort des griechischen Dichters Menander lässt sich die aztekische Erziehung zusammenfassen. Mitunter gilt das sogar buchstäblich, denn das Schinden – also das Abziehen der Haut, auf das das griechische δαρεὶς abzielt – ist bei manchen aztekischen Riten schauerliche Praxis. Die drakonische Strenge der Erziehung korreliert mit dem Gesamtbild der aztekischen Gesellschaft und ist gleichzeitig ihr Konterpunkt. Denn ohne die extreme Härte bei der Ausbildung der jungen Menschen ließe sich die Forderung nach Mäßigung, unbedingtem Gehorsam und Selbstkontrolle, wie sie die aztekische Gesellschaft vorschreibt, nicht lange aufrechterhalten.

Für die erstaunliche Entwicklung von Architektur, Kriegskunst, Heilkunde, Handwerkstechniken und Kultur im alten Mexiko ist dieses auf die Unterdrückung individueller Bedürfnisse ausgelegte System eine wichtige Säule. Auch die politische Vormachtstellung der Azteken im vorspanischen Mesoamerika wäre mit einer permissiveren Gesellschaftsordnung vermutlich nicht zu erreichen

Abbildung 21: Ein Vater hat zwei Söhne. Einen schickt er in die Calmecac, die Tempelschule zum Hohen Priester, den anderen in die Cuicacali, die Musikschule zum Musiklehrer.

gewesen. Für den Einzelnen, besonders für die Angehörigen des Adels, ist die gewollte Härte allerdings oft nur schwer zu ertragen.

Andererseits vermag die Einbindung in eine prosperierende Gemeinschaft, die sich nicht zuletzt deshalb den benachbarten Kulturen überlegen fühlt, den Schmerz und das eigene Leid zurückzudrängen. Gefühle, Gedanken und persönliche Bedürfnisse sind innerhalb des Systems so stark gebändigt und reguliert, dass abweichende Verhaltens- und Denkweisen für die meisten Menschen noch nicht einmal vorstellbar sind. Weil sich nahezu jeder dieser Ordnung unterstellt – die Elite noch strenger und unbedingter als das einfache Volk –, bleibt wenig Raum für Andersdenkende. Wiederum im Wortsinn, denn aufbegehrende Volksmitglieder werden ausgestoßen, als Sklaven in die Fremde verkauft oder getötet. Das ist zwar eine gute Stütze für die Bewahrung eines stabilen Gesellschaftssystems – aber es tötet auf barbarische Weise Kreativität, Weiterentwicklung und die Fähigkeit zur Anpassung an sich verändernde Umweltbedingungen ab. Bedrohungen, die sich außerhalb des gewohnten Bezugsrahmens bewegen, werden deshalb vielfach zu spät erkannt. Nicht zuletzt diesem hermetisch geschlossenen Weltbild verdankt der Spanier Hernán Cortés die schnelle Eroberung des Aztekenreiches.

Indes, die Gesellschaft „funktioniert", und es gelingt ihr sogar, großartige kulturelle, technische und politische Leistungen zu vollbringen. Der Preis, den die Menschen dafür bezahlen, ist jedoch sehr hoch. Er besteht in der konsequenten Unterdrückung fast jeder menschlichen Regung. Mithin wird das „thinking outside of the box" ebenso unmöglich wie unabhängiges Handeln. Es gibt schlicht keinen Raum für den eigenen Impetus, noch nicht einmal die Idee dessen. Die Angehörigen der Mexi'ca sind auf Lebenszeit Gefangene ihres selbst geschaffenen Weltbildes.

Der erste Schrei, ein Kriegsruf

Wird im Aztekenreich ein Kind geboren, dann ist das zunächst ein Anlass zur Freude. Es wird von den Eltern geliebt und umsorgt und wohlwollend in die Gesellschaft aufgenommen. „Den ersten Schrei, den ein neugeborenes Azteken-Kind von sich gibt, fassen die Erwachsenen als Kriegsruf auf; denn sie begreifen Geburt und Krieg als gleichbedeutend (...). Die Hebamme (Ticitl) nimmt das Neugeborene auf und richtet eine formvolle und ausführliche Rede an das Kind. Danach schneidet sie seine Nabelschnur ab, wickelt sie in die Nachgeburt und lässt beides trocknen. (...) Ist das Neugeborene ein Mädchen, wird die Nabelschnur später unter der Herdstelle im Haus begraben; ist es ein Bub, findet sie ihren Aufbewahrungsort auf einem Schlachtfeld. Es handelt sich hier also offensichtlich um Kontaktmagie: Man hofft, dass der physische Kontakt eines Teils des Neugeborenen mit dem Ort seiner späteren Tätigkeit die Einhaltung dieser Rollenerwartung absichert." (Riese, B., 2011, S. 101 f.)

Die Hebamme hat eine wichtige Funktion in der aztekischen Gesellschaft. Es ist davon auszugehen, dass nur besonders gut ausgebildete und geschulte Frauen diesen Beruf ausüben dürfen. Sie sind diejenigen, die dafür Sorge tragen, dass nach dem schwer zu kontrollierenden Akt der Geburt schnell wieder Ordnung eintritt und die vorbestimmten Initiationsriten unverzüglich und formvollendet durchgeführt werden. „Wenn ein Kind in einer mexikanischen Familie zur Welt kam, so übernahm die Hebamme die Rolle des Priesters und zelebrierte den Geburtsritus. Sie war es auch, die das Kind begrüßte und willkommen hieß." (Soustelle, J., 1955/1986, S. 294)

Später vollzieht sie die Taufe mit einem rituellen Bad im Hof des Geburtshauses und gibt dem Kind seinen Namen. Den Jungen wird dabei die winzige Nachbildung eines Werkzeugs mitgegeben, das das Handwerk ihres Vaters repräsentiert. Die Mädchen bekommen ein typisch weibliches Utensil. Die ersten Lebensjahre verbringen beide Geschlechter in ihrer Ursprungsfamilie. Sobald sie dazu in der Lage sind, sind sie angehalten, einfache Arbeiten zu übernehmen. „By five years of age, boys were already toting light loads of firewood and carrying light bundles to the tiangues, or market place. And they (mothers) taught the girls of this age how they had to hold the spindle and distaff in order to spin." (Smith, M. E., 1953/2012, S. 129)

Angesichts der großen Bedeutung, die Sprache und Rhetorik bei den Azteken haben, wird dem ersten Wort des Kindes eine besondere Aufmerksamkeit zu teil. „Wenn das Kleinkind, Bub oder Mädchen, zum ersten Mal verständlich sprach, wurde das unter Aufsicht eines Priesters des Tezcatl Ipoca-Tempels mit Opfergaben dankbar registriert. Auch dies ein deutliches Zeichen, wie wichtig den Azteken die verschiedenen Stufen der gesellschaftlichen Integration der heranwachsenden Kinder war." (Riese, B., 2011, S. 104).

Frühkindliche Erziehung im Elternhaus

Die ersten Lebensjahre verbringen alle Kinder ungeachtet ihrer Schicht in ihren Elternhäusern. Dort lernen sie erste Grundfertigkeiten und werden zu Fleiß, Ehrerbietung und Achtung der Autoritäten erzogen. „Bei einem faulen Kind hagelt es Strafen, die Eltern kratzen es mit Agavendornen oder zwingen es, den scharfen Rauch eines Feuers einzuatmen, in dem roter Pfeffer brennt. Die mexikanischen Erzieher scheinen Anhänger einer spartanischen Methode gewesen zu sein", mutmaßt Jacques Soustelle (1955/1986, S. 305) Dieselbe Härte und Strenge zieht sich durch die gesamte Ausbildung und bestimmt den Umgang mit Kindern und Jugendlichen. Fehlverhalten, Ungehorsam und jegliche Abweichung von der Norm werden auf das Härteste geahndet.

Unerbittlichkeit und Herzlosigkeit prägen nicht nur das Leben der Jugend, sondern die gesamte aztekische

Gesellschaft. Die Angst vor Strafe und Schmerz ist im Unbewussten jedes Einzelnen tief verwurzelt. Sie vererbt und tradiert sich von Generation zu Generation. Empathie und Mitgefühl werden konsequent unterdrückt. Nur so lässt sich vermutlich das exzessive Ausmaß der Menschenopfer und die den geopferten Menschen zugefügte Qual für die Bevölkerung aushalten.

Alter	Platz in der Gesellschaft	
	Adel (Pilli)	Volk (Macehualli)
1 – 4	Haushalt der Familie, Spracherwerb, Einübung des Rollenbildes, erste kleine Arbeiten	Haushalt der Familie, Spracherwerb, Einübung des Rollenbildes, erste kleine Arbeiten
5 – 10	Haushalt der Familie, Unterweisung in grundlegenden Kulturtechniken, Rollenbild, Jungen lernen Kämpfen, Mädchen Spinnen und Weben	**Telpochcalli** (Volksschule), Ausbildung zum Krieger für die Jungen, Ausbildung in Spinnen, Weben und anderen typisch weiblichen Arbeiten für die Mädchen. Arbeit für das Gemeinwohl im Tempel und auf öffentlichen Plätzen. Unterricht in Gesang, Tanz und Musik vor allem für große religiöse Feste.

10 – 15	**Calmecac** (Eliteschule), strenge Unterweisung der Elite in Selbstkontrolle, Gehorsam und Disziplin. Außerdem: Kriegskunst und -strategie, Religion, Schreiben, Lesen, Poesie, Astrologie, Technik und Musik. Hilfsarbeiten in den verschiedenen Tempeln. In Händlerfamilien auch Handelsgehilfen.	Weiterführung der Ausbildung im Handwerk. Lehrzeit. Hilfsarbeiten im Tempel und bei in öffentlichen Einrichtungen. Ausbildung zum Krieger. Mädchen perfektionieren ihre Haushaltstätigkeit oder besuchen spezielle an die Tempel angegliederte Ordensschulen für eine Laufbahn als Priesterinnen.
15 – 20	Jungen: Ausbildung zum vollwertigen Krieger und Einsatz im Krieg. Mädchen: Heirat und Familiengründung.	Jungen: Kriegseinsatz und Einstieg in Handwerk und Arbeit auf dem Feld. Öffentliche Aufgaben. Mädchen: Heirat und Familiengründung.
20 – 30	Gründung eines eigenen Haushaltes. Kriegsdienst.	Kriegsdienst. Perfektionieren der handwerklichen Tätigkeit. Familiengründung. Erziehung von Nachwuchs.
30 – 50	Übernahme von Verantwortung. Aufstieg im öffentlichen Leben. Militärischer Aufstieg. Schulung in Führungsaufgaben.	Erwirtschaften von Steuern und Abgaben. Übernahme von Führungsaufgaben bei Bewährung im Amt.
52	Staatspension. Öffentliche Aufgaben werden weiterhin wahrgenommen.	Ende der Steuer- und Abgabepflicht. Unterstützung der Kinder- und Jugenderziehung. Freigabe von Alkohol und Drogenkonsum.

Abbildung 22: Das Leben jedes Azteken ist in fest vorgeschriebene Zeitspannen eingeteilt.

Grundausbildung für das Volk – Telpochcalli

Ungefähr mit vier Jahren verlassen die Kinder des gemeinen Volkes ihr Elternhaus und werden in sogenannten Telpochcalli erzogen. Diese Volksschulen gibt es in jeder Gemeinde. In größeren Städten gibt es mehrere davon, normalerweise eine je Calpolli (Nachbarschaftsverband). Alle Jungen und Mädchen besuchen diese Schulen und lernen dort unter spartanischen Gegebenheiten und dem strengen Regime ihrer Lehrer und Lehrerinnen. Zumindest die Jungen wohnen auch in den Räumlichkeiten des Telpochcalli.

Die Unterweisung erfolgt nach Geschlechtern getrennt. Zu den wichtigsten Unterrichtsstoffen für beide gehören Gesang, Tanz und das Erlernen von Musikinstrumenten. Nur so ist gewährleistet, dass bei großen religiösen Feiern alles reibungslos funktioniert und dass jeder und jede weiß, was wann zu tun ist. „Es ist bemerkenswert, dass ein Volk von Ureinwohnern auf amerikanischem Boden zu jener Zeit schon die allgemeine Schulpflicht eingeführt hatte und dass kein mexikanisches Kind des 16. Jahrhunderts gleichviel welcher gesellschaftlichen Herkunft ohne Schulbildung heranwuchs." (Soustelle, J., 1955/1986, S. 313)

Der künftige Kriegsdienst spielt in der Ausbildung eine unübersehbare Rolle. „Young men worked on civic projects, from carrying firewood for the temples to repairing temples, roads, and bridges. The major focus of male education in the telpochcalli, however, was military training.

Seasoned warriors instructed the youth in martial arts, and then the students went off to war for practical training." (Smith, M. E., 1953/2012, S. 130) Zunächst dürfen sie dabei nur als Waffenträger und zivile Hilfskräfte fungieren. Je weiter ihre Ausbildung fortgeschritten ist, desto mehr werden sie auch selbst eingesetzt, können aktiv kämpfen und sich durch die Gefangennahme von Gegnern Ruhm, Ehre und Ansehen erarbeiten.

Die Grundausbildung der Mädchen aus dem Volk endet meist mit zehn bis zwölf Jahren. Sie heiraten früh, oft schon zu diesem Zeitpunkt, spätestens aber mit der Geschlechtsreife. Nach der Eheschließung ziehen sie in den Haushalt ihrer Ehemänner und unterstützen dessen Mutter bei der Hausarbeit. Später übernehmen sie die frühkindliche Erziehung der gemeinsamen Kinder.

Der Abschluss der Schullaufbahn im Telpochcalli wird mit einem Fest begangen. Dazu überreichen die Eltern der Absolventen Geschenke an die Schule. „Auch bei dieser Gelegenheit werden lange und gesetzte Reden gehalten, und der Heranwachsende erhält von den Eltern und seinen ehemaligen Lehrern Ratschläge für den weiteren Lebensweg. Die Schulentlassung fällt in die Zeit der Pubertät und ist daher in doppelter Hinsicht als Übergangsritus charakterisiert. Die Azteken haben ihn in überwiegend verbaler, ‚intellektueller' Form gestaltet und erweisen sich dadurch als Kulturnation hohen Grades." (Riese, B., 2011, S. 108)

Eine mögliche höhere Laufbahn für Kinder aus dem Volk ist das Priesteramt, für das das Kind im Normalfall schon bald nach der Geburt geweiht wird. Jungen und Mädchen, die diesen Weg einschlagen sollen, übernehmen mit dem Einzug in das Telpochcalli Hilfsdienste in dem Tempel, zu dem ihre Schule gehört. Dazu gehören die Vorbereitung von Opfergefäßen, das Reinigen der Böden und Holzbohlen sowie das Sammeln von Agavedornen, die für die Selbstkasteiung in großer Zahl benötigt werden. Damit werden sie auf ihr späteres Amt vorbereitet. Die nächste Stufe in der Ausbildung zum Priester ist das Amt des Räucherpriesters (Tlamacazqui), das notwendigerweise eine Zeit lang ausgeübt werden muss, um dann in höhere spezialisierte Ämter aufzusteigen.

Ständiges Lernen und die Weiterentwicklung der persönlichen Tugenden spielen eine wichtige Rolle. Sie eröffnen den Priestern bei entsprechender Leistung bis zum Eintritt in das Rentenalter immer wieder neue Karrieremöglichkeiten. Bestimmte Ämter werden allerdings nur an Abkömmlinge der edelsten Familien vergeben. „Das Amt des Totec Tlamacazqui (Priester des höchsten Gottes Huitzilopochtli, Anm. des Autors) im Haupttempel ist den Angehörigen der Herrscherfamilie vorbehalten und damit ist eine feste Verbindung der politischen und religiösen Herrschaft hergestellt." (Riese, B., 2011, S. 169).

Aufgrund der Tatsache, dass alle Kinder ein Telpochcalli besuchen, ist gewährleistet, dass besondere Talente frühzeitig erkannt werden. Begabte Kinder aus dem Volk haben die Chance, dank herausragender Leistungen und unbedingtem Gehorsam Zugang zum Calmecac, der Bildungseinrichtung des Adels, zu bekommen. Wenn sie diese erfolgreich absolvieren, stehen ihnen einige soziale Aufstiegswege offen, die eigentlich den Nachkommen der Edelmänner vorbehalten sind. Lediglich die Ämter der höchsten Beamten und der Priester sind ihnen verwehrt.

Die Elite durchläuft eine harte Schule

Die Kinder der adligen Oberschicht werden länger als die des Volkes zu Hause erzogen und unterrichtet. Ein besonderes Augenmerk liegt auf der Erziehung von Anwärtern auf das Amt des Tlahtoani. Darauf werden stets mehrere Knaben vorbereitet. Schließlich besteht gerade für sie ein großes Risiko, während der militärischen Bewährungszeit im Krieg zu fallen oder in Gefangenschaft zu geraten und womöglich auf dem Opfertisch des Gegners zu enden.

Schon bald nach ihrem fünften Geburtstag werden die potentiellen Nachfolger einer höfischen Erziehung unterzogen, zu der vor allem der Unterricht in gutem Benehmen und geschliffener Rede gehört. Die Kunst der Rhetorik und der gepflegten Sprache hat einen extrem hohen Stellenwert in der aztekischen Gesellschaft. Deswegen muss jeder, der ein bedeutendes Amt übernehmen soll, hierin besonders ausgebildet werden. Anders als bei der Ausbildung des japanischen Tenno geht die Klassenunterscheidung allerdings nicht so weit, dass die Sprache des Herrschers nicht vom gemeinen Volk verstanden wird. „Der aztekische Prinz und spätere Herrscher sprach für alle verständlich, wenn auch erkennbar eleganter als der gemeine Mann." (Riese, B., 2011, S. 300)

Die Erziehung zum Soldaten

Jungen, deren Eltern adlig oder dem Adel verpflichtet sind und die sich für eine militärische Karriere ihres

Abbildung 23: Jaguar- und Adlerkrieger

Nachwuchses entscheiden, können dank Tapferkeit, Mut und Erfolg im Wettkampf um die meisten Kriegsgefangenen zum Adler- oder Jaguarkrieger aufsteigen. Beide sind elitäre Berufssoldaten und Mitglieder der aztekischen Armee. Zwischen den Adler- und den Jaguarkriegern herrschen heftige Rivalitäten; der Konkurrenzkampf soll ihre Kampfeslust beflügeln.

Mit der Vollendung des zwölften Lebensjahres beginnt für alle adligen Kinder, und dies schließt die Tlahtoani-Anwärter ein, der staatliche Teil der Ausbildung. Sie erfolgt in speziellen Adelsschulen, den Calmecac, wie es möglicherweise die berühmte Ruinenstätte von Malinalco eine war. Die Ausbildung dort ist streng und von der typisch aztekischen Unerbittlichkeit gegenüber menschlichen Schwächen gekennzeichnet.

Noch nicht einmal die Nachtruhe ist ungestört. Immer wieder werden die Schüler aus dem Schlaf gerissen, müssen harte Arbeit verrichten und ihre Körper abhärten. Die Ernährung ist karg und einseitig, sie besteht aus streng rationierten Maisfladen. „Genau dann, wenn die Nacht sich teilt, ließen sie sie aufstehen. Überall versprengten sie Wasser, fegten sie. Darauf brechen sie zum Waldesrand auf, von wo sie Fichtenzweige und Farnwedel forttragen, mit denen sie alles im Tempel ausschmücken (...) Darauf waschen sie sich, baden sie sich, auch wenn es sehr kalt ist. Nachdem es über der Erde hell geworden war, wenn es bereits Tag war, trafen sie überall ihre Vorbereitungen, indem sie alles herrichteten.

Dann werfen sie ihnen jeweils ein oder vielleicht, wenn sie etwas größer sind, zwei Stück altes Fladenbrot auf die Erde hin. Wie kleine Hunde behandeln sie sie." (Dieses und die folgenden Zitate stammen aus den „Discursos en Mexicano" und beruhen auf den Lebenserinnerungen eines Absolventen der Adelsschule von Tetzcuhco. Discursos en Mexicano, §§ 214 bis 247, zitiert nach Riese, B., 2011, S. 172)

Nach dieser nächtlichen und frühmorgendlichen Routine folgt der Unterricht am Tage. Zunächst in der Theorie: „Wie sie leben soll, wie sie gehorchen sollen, wie sie andere respektieren sollen, dass sie sich dem Guten und Rechten widmen sollen, und dass sie das Schlechte, das Unrechte, die Schurkerei und die Völlerei meiden und fliehen sollen." Das Mittagsmahl fällt ebenso karg und lieblos aus wie das Frühstück. Danach folgen praktische Unterweisungen: „Wie sie kämpfen sollen oder wie sie jagen sollen, in welcher Weise sie mit dem Blasrohr umgehen sollen oder wie sie Steine schleudern sollen. Ganz und gar machen sie sich kundig im Umgang mit dem Schild, mit dem Schwert und mit dem Pfeil, mit dem Speer, der mit dem Katapult geschleudert wird. Ferner machten sie sich damit vertraut, wie man mit dem Netz, mit der Schlinge umgeht."

Eine solide Grundausbildung in Kunstgewerken

Auch die feine Handwerkskunst wird gelehrt: „Andere wurden in den verschiedenen Kunsthandwerken unterrichtet, in der Federarbeit; mit Federn, mit Quetzalfedern arbeitet man. Ferner wurden sie in der Türkiskebekunst, im Gießen von Edelmetallen, im Schneiden von Grünedelsteinen, im Polieren unterrichtet; außerdem im Malen, im Holzschneiden und in weiteren verschiedenen Kunsthandwerken." Schließlich stehen auch Musik und Kunst auf dem Programm: „Andere wurden im Komponieren von Gesängen, in der Wahl der Worte, in der Kunst, die da Trommel und Rassel heißt, (...) unterrichtet." Den Abschluss bilden Astronomie, Rechenkunst und Religion. Es ist davon auszugehen, dass alle jungen Adligen eine solide Grundausbildung auf all diesen Gebieten erlangen. Expertenwissen wird anschließend in speziellen Fachbereichen vermittelt.

An den Eliteschulen herrscht unerbittliche Zucht und Ordnung. Oberstes Gebot ist Gehorsam, hinzukommen

Abbildung 24: Poesie-Unterricht im Calmecac

Sittsamkeit und Selbstkontrolle. „Und so schickten sie sie um die Mittagszeit, wenn die Sonne richtig sengte, zum Waldrand. Holzspäne und Kiefernspäne trugen sie von dort weg. Genau in der Weise läuft man, geht man hintereinander her: Niemand albert oder schubst den anderen; alle laufen vernünftig, gehen ehrerbietig und respektvoll." Wer das Pensum nicht bewältigt oder aufbegehrt, wird körperlich hart gezüchtigt. „Sie hängten sie auf und setzten sie Chili-Dämpfen aus. Sie schlugen sie mit Brennnesseln, sie verprügelten sie mit dem Stock. In ihre Waden, in ihre Ellenbogen, in ihre Ohren stachen sie Agavedornen. Sie drückten ihnen den Kopf übers Feuer und sie sengten sie an." (Discursos en Mexicano, §§ 214 bis 247, zitiert nach Riese, B., 2011, S. 172)

Die Contenance, die edle Selbstbeherrschung des Adels, hat also einen hohen Preis. Er besteht in einer Verleugnung von eigenen Bedürfnissen und Grenzen, in einer – zumindest zeitweiligen – Selbstaufgabe angesichts eines brutalen Bildungssystems. Die strenge Erziehung und der hohe Druck, der auf der Elite lastet, schürt eine latente Unzufriedenheit, die nur durch weitere Restriktionen im Zaum gehalten werden kann. „Es ist nicht auszuschließen, dass – zusätzlich zu den unterworfenen Völkern, die ohnehin einen Groll gegen die Azteken hegten – auch das eigene Volk in einem Zustand latenter Abneigung war. In dem Widerstand gegen die häufigen Kriege kommt das ebenso zum Ausdruck wie in der Verachtung, die der Adel gegen das Volk empfand, da es angeblich feige war, was zu einer

entsprechenden Reaktion gegen die Obrigkeit führte."
(Westphal, W., 1990, S. 135)

Differenzierte Berufsausbildung

Es ist zu vermuten, dass ebenfalls die zahlreichen Opferpriester und ihre Gehilfen in den Calmecac ausgebildet
werden. Auch sie benötigen ein großes Maß an Expertise,
um alle Rituale, das Töten, das Häuten, die verschiedenen
Tänze und die rituellen Reden vorschriftsmäßig durchzuführen. Mehr noch als alle anderen müssen sie gefühllos
gemacht werden gegen die menschlichen Bedürfnisse und
vor allem gegen das menschliche Leid, das ihre Arbeit mit
sich bringt.

Je länger ein Azteke in seinem Beruf arbeitet, je größer sein
Erfahrungs- und Wissensschatz und je meisterhafter seine
Fähigkeiten sind, desto höher wird sein Ansehen. Das gilt
für alle Bereiche des aztekischen Lebens.

Cuicacalli – Schulen für Musik und Tanz

Musikalisch begabten Schülern wird eine besondere För-
derung zuteil. In Musikschulen (Cuicacalli) erlernen sie
verschiedene Instrumente, dazu Musik und Tanz, um Adel
und Volk bei Festen zu erfreuen und für einen perfekten
Rahmen für die rituellen Abläufe zu sorgen. Die früher

vorherrschende These, dass es sich bei den Cuicacalli um reine Mädchenschulen für adlige Damen handelt, lässt sich nach neueren Erkenntnissen nicht aufrechterhalten.

Die Laufbahn der Händler

Es ist zu vermuten, dass auch Kinder aus Händlerfamilien die aztekische Grundausbildung absolvieren. Ihre familiäre Ausbildung besteht darin, Botendienste zu übernehmen und ihren Eltern auf den Märkten zur Hand zu gehen. So werden sie früh in die Usancen des elterlichen Geschäfts eingeführt. Mit Abschluss der Schule treten sie in die Handelshäuser ihrer Väter ein und begleiten diese auf ihren Reisen. Dabei können sie nach und nach ihren Status verbessern. „Entrance into a merchant guild was apparently through hereditary right. (…) With membership restricted along these lines, the merchants could closely guard the secrets of their trade and their wealth. (…).“ (Berdan, F., 2005, S. 38)

Die Vorsteher der verschiedenen Kaufmannsgilden werden „Vater“ und „Mutter“ genannt. Sie haben die Aufsicht über die regelmäßig zum Abschluss großer Handelsreisen begangenen Feste, bei denen die erfolgreichen Händler ihren Reichtum zeigen und großzügige Geschenke machen. „Anyone with guild membership could climb the ladder of success in this organization; the keynotes were wealth and generosity.“ (Berdan, F., 2005, S. 38)

Erfolgreiche Händler, die neue Märkte eröffnen und sich gleichzeitig großzügig gegenüber dem Volk und vor allem der Herrscherklasse zeigen, gewinnen Macht, Ehre und Ansehen. Dabei gibt es auch in der Gesellschaft der Händler eine feste Rangordnung, deren Stufen jeder Aspirant mühsam erklimmen muss. „Zwischen dem Oberhaupt des Gewerbes und dem jungen Kaufmann, der auf seine erste Handelsfahrt auszieht, stand eine ganze Reihe verschiedener Klassen und Befugnisse mit besonderen Titeln. Da waren die tecuhnenenque, die fahrenden Herren, geachtet ob ihrer langen und gefahrvollen Fahrten; die naualoztomeca, die verkleideten Kaufleute, die sich nicht scheuten, feindlichen Völkerschaften Gewand und Redeweise zu entlehnen, um im geheimnisvollen Tzinacantlan Bernstein und Quetzal-Federn zu kaufen; die tealtianime, die Sklaven geopfert hatten; die teyaualouanime, die den Feind einzingeln." (Soustelle, J., 1955/1986, S. 129)

Lebenslanges Lernen – lebenslanger Gehorsam

Mit dem Eintritt in das Erwachsenenleben endet die Erziehung und Persönlichkeitsbildung durch die Gesellschaft noch lange nicht. Gehorsam, Kontrolle und Selbstbeherrschung behalten den höchsten Stellenwert. Es wird viel Wert auf die Weiterentwicklung der persönlichen Fähigkeiten gelegt – allerdings nicht zum Ruhme des Einzelnen, sondern um das Gemeinwesen zu bereichern und das Ansehen und die Geltung des Volkes insgesamt zu mehren. Das gilt für Priester und Beamte genauso wie für Handwerker, Bauern und Händler.

Der Entscheidungsspielraum jedes Menschen ist extrem gering, gleichgültig, wie hoch sein sozialer Rang ist. Schließlich ist nur denkbar, was sich innerhalb des fest vorgeschriebenen Regelwerks befindet. Handlungen außerhalb dieser fest gefügten Raster sind schlicht nicht möglich. Selbst der Tlahtoani bewegt sich mit seinen Entscheidungen in einem sehr engen Bezugsrahmen und ist gehalten, den Astronomen, Kalendergelehrten und Priestern, die die Zeichen der Götter und Geister deuten können, blind zu vertrauen.

„Was deutlich wird, bei allem, was wir bisher gesehen haben: die aztekische Gesellschaft stand unter einem ungeheuren Druck, einem Leistungszwang und Normverhalten, das durchaus geeignet war, ein pessimistisches Weltbild zu erzeugen. Inwieweit dies dazu beitrug, die Spanier, die sich als Sendboten einer lichteren Welt ausgaben, eben jener, die Quetzalcoatl geschaffen hatte, als Erlöser zu empfangen, ist eine Frage, die sicher Beachtung finden sollte." (Westphal, W., 1990, S. 135)

Die letzten Lebensjahre – endlich frei

Erst wenn mit dem 52. Lebensjahr (zur Erinnerung: der aztekische Kalender tritt nach 52 Jahren in einen neuen

Zyklus ein, siehe „Jahreszahlen und Zeitrechnung" in Kapitel 1) die Steuerpflicht des gemeinen Bürgers endet, endet auch die Kontrolle durch den Staat. Nun steht es ihm frei, zu faulenzen, Alkohol und Drogen zu konsumieren und sich gehen zu lassen. Wie weit dies tatsächlich genutzt wurde, oder ob nicht gerade die alten und weisen Menschen innerhalb der gewohnten Ordnung bleiben und für deren Aufrechterhaltung sorgen, lässt sich aus den überlieferten Quellen schwerlich ablesen.

KAPITEL 5

Die Fehlleitung der Azteken
Wie heute nicht geführt werden sollte

Als die Spanier 1521 die aztekische Hauptstadt Tenochtitlan erobern, zerstören sie nicht nur Tempel, Gebäude,
Paläste und die schriftlichen Zeugnisse einer alten Hochkultur, sondern sie eliminieren ein bis dahin sehr erfolgreiches Wirtschaftssystem. Dessen vorherrschendes Merkmal
ist die Kontrolle. Im Reich der Azteken bleibt nichts dem
Zufall oder den persönlichen Vorlieben eines Menschen,
seinen Ideen, Wünschen, Talenten oder Unzulänglichkeiten überlassen. Die Stationen im Leben eines jeden Azteken sind prädestiniert, in der Abfolge zwingend und nicht
verhandelbar. Der Begriff des Individuums ist unbekannt
– was zählt, ist das Volk. Entsprechend gibt es keinerlei
Spielraum für Fantasie, Kreativität oder persönlichen
Gestaltungswillen. Würde sich ein Azteke den strikten
Regeln und Anweisungen seines Volkes widersetzen, dann
würde er sich schuldig machen und mit absolutem Automatismus zum Opfer des Systems werden. Ein Aufbegehren ist nicht denkbar.

Die strikte Unterwerfung des menschlichen Willens unter
das Gebot des Herrschers und seiner mitregierenden Elite
ist ein Wesensmerkmal aller präkolumbianischen Kulturen. Eine solche Hingabe an die Tradition, die sich im

engen Geflecht von Befehl und Gehorsam manifestiert, ist für uns heute nicht nachvollziehbar. Selbst die striktesten Systeme der mitteleuropäischen Neuzeit ermöglichten immer wieder zumindest graduelle Abweichungen vom vorgegebenen Kurs, sie erlaubten zumindest in Einzelfällen Modifizierungen des Regelwerks, sie tolerierten, ja förderten Neugier, Entdeckungsfreude und Experimentierlust. Wer sich in unserem Kulturkreis gegen die Vorgaben eines Regimes stellt, findet in der Regel Sympathisanten. Selbst vor dem Tribunal der Inquisition konnten Zweifler noch auf Gnade hoffen, die ihnen gelegentlich auch gewährt wurde. Die Vergabe der Sünden spielt im christlichen Glauben eine essentielle Rolle. Selbst Martin Luther landete bekanntlich nicht auf dem Scheiterhaufen.

Doch die Azteken kennen keine Barmherzigkeit. Bei ihnen bekommt niemand eine zweite Chance. Sünde und Ungehorsam führen unweigerlich in den Tod.

Eine starre gesellschaftliche Struktur und feste Kontrolle ermöglichen den aztekischen Eliten die unumschränkte Herrschaft über das eigene Volk und die zum Tribut verpflichteten Anrainer. Ihre bevorzugte Stellung bekommen und erhalten sie, wie wir gesehen haben, allerdings nicht ohne Gegenleistung: Sie selbst unterliegen denselben Regeln, die sie anderen setzen, ja, sogar in noch höherem Maße. Das Fehlen jeglichen Spielraums ist letztlich der Auslöser zum Untergang des ganzen Reiches. Es scheitert an seiner Trägheit, an seiner systemimmanenten

Weigerung, auf Unvorhergesehenes spontan und abweichend vom Bisherigen zu reagieren, und es scheitert an seiner gnadenlosen Fehlerintoleranz.

Sechs Führungsthesen, die die Azteken nicht beherzigt haben

Bessere Waffen, ausgefeilte Kampftechniken und Naturereignisse wie der Ausbruch der Pocken werden sicher einen großen Beitrag zum Sieg der Spanier geliefert haben. Ausschlaggebend dafür war jedoch eine den Niedergang hervorrufende Disposition an den Wurzeln des Regimes – allem voran die Unfähigkeit der aztekischen Elite, sich zur Verantwortung für die von ihr Geführten zu bekennen, sich in die Gedanken- und Gefühlswelt ihrer Gegner hineinzuversetzen und sich – und sei es, von Fall zu Fall – fähige Kombattanten im Kampf gegen die Angreifer zu suchen. Fatalerweise fühlte sich die aztekische Elite allen anderen überlegen und kannte keinerlei Selbstzweifel. Der aztekischen Elite war strategisches Denken völlig wesensfremd.

Ausgerechnet von einer solch verhärteten, geschlossenen und in den Traditionen der Vergangenheit verhafteten Kaste sollen heutige Eliten in Politik und Wirtschaft lernen können? Aber ja doch. Selbstverständlich nicht als Blaupause, sondern als ein Phänomen, dem es in keinem Falle nachzueifern gilt. Als abschreckendes Beispiel also und als inständige Warnung vor allzu großer Selbstgewissheit.

Vor dem Hintergrund der die Kultur erklärenden ersten Kapitel möchte ich sechs zentrale Führungsthesen aufstellen, die dem aztekischen Denken diametral gegenüberstanden und kein Geringes zum Niedergang eines großen Volkes beigetragen haben:

These 1:	Elite darf und soll führen. Aber sie muss im Gegenzug Verantwortung für die Geführten übernehmen.
These 2:	Jede Herrschaft, die auf der Angst der Beherrschten beruht, ist fragil.
These 3:	Paradigmen müssen von Zeit zu Zeit hinterfragt werden.
These 4:	Ständige Innovation ist nötig, um die Entwicklung nach vorn zu treiben.
These 5:	Man muss die Zukunft planen, um nicht mit der Gegenwart unterzugehen.
These 6:	Geschlossene Eliten führen einer Gesellschaft kein neues Blut zu. Sie trocknen sie aus und führen sie in den Untergang.

These 1:
Elite darf und soll führen. Aber sie muss im Gegenzug Verantwortung für die Geführten übernehmen.

Azteken sind nur dann zur Kooperation gewillt, wenn ein wirtschaftlicher Nutzen zu erwarten ist. Viele tausend Hände errichten einen Tempel schneller, bestellen die Äcker zügiger und bringen die Ernte rascher in Sicherheit als eine kleine, speziell dafür abgestellte Truppe. Ihre Eroberungsfeldzüge dienen der Beschaffung von Beute, sei es in Form von Lebensmitteln oder von Bodenschätzen, sei es zur Aufstockung des für die religiösen Rituale notwendigen Opferbestandes. Die oberste Maxime der aztekischen Eliten ist das Wohlergehen ihres eigenen Staates. Ihre Mittel zum Zweck sind sakrosankt. Ihr Ziel verfolgen sie stringent und mit absoluter Härte. Das Schicksal der von ihnen unterworfenen Stämme berührt sie nicht. Sie blicken nur auf ihren eigenen Vorteil.

Hätten sie größere Weitsicht an den Tag gelegt, dann hätten sie bemerken müssen, dass sie bei ihren auswärtigen Kriegen nichts als Hass säten. Sieger in Schlachten und Scharmützeln lassen sich ihre Überlegenheit immer entgelten. „The winner takes it all" – das ist ein ewiges Merkmal bei Auseinandersetzungen in allen Zivilisationen und zu allen Zeiten. Wer verliert, zahlt die Zeche. Das wissen beide Seiten. Doch weder die Höhe des Tributs noch die Art, ihn durchzusetzen, sind absolute Größen. Kluge Sieger nehmen die Unterlegenen zwar hart in die Pflicht, aber sie lassen ihnen Luft zum Atmen. Und vor allem: Sie bieten den Unterworfenen Völkern eine Gegenleistung in Form von Verzeihen, Sicherheit und Versorgung.

Das eroberte Gebiet und seine Bewohner werden eingegliedert in den Machtbereich des Gewinners und stehen in der Folge auch unter dessen Schutz. Eine solche Reverenz wurde den von den Azteken bezwungenen Stämmen nicht zuteil. Das rigorose Auspressen ohne jegliche Kompensation führte letztendlich dazu, dass sich die von den Azteken unterworfenen Stämme bei der erstbesten Gelegenheit den spanischen Eroberern anschlossen und ihren Bezwingern in den Rücken fielen.

Aus heutiger Sicht lässt sich schockiert sagen: Dieser Zusammenhang von Aktion und Reaktion hätte der aztekischen Elite doch klar sein müssen! Wie konnte es zu so einem eklatanten Versagen der Führung kommen? Warum konnten sie nicht vorhersehen, dass die von ihnen ausgesaugten Stammesgruppen auf Vergeltung sinnen und sich irgendwann für die erlittene Schmach rächen würden? Offensichtlich nicht. Denn im Wertekanon der Sieger war kein Platz für Empathie, für weise Voraussicht, für den Willen, andere an der Gestaltung ihres Landes teilhaben zu lassen. Die Schlussfolgerung drängt sich auf: Die Azteken waren zwar Sieger, aber sie waren keine klugen Sieger.

Uns modernen Menschen mag es schwerfallen, für solch fatale Unterlassungen Verständnis zu entwickeln. Obwohl uns Rücksichtslosigkeit und Ignoranz gerade von (selbst ernannten) Eliten selbst heute nicht ganz fremd sind. Wie anders als mit dem Glauben an die eigene Überlegenheit und Unverwundbarkeit ließe sich die in zahlreichen Institutionen gängige Praxis der Übervorteilung von Abhängigen erklären? Es ist die getrübte Linse im Auge der Entscheidungsträger, die ihnen den Blick auf die Konsequenzen ihrer Entscheidungen verstellt.

Auch die Eliten der Gegenwart tragen häufig Scheuklappen

Kein Feldherr, der sein Handwerk versteht, päppelt freiwillig die Phalanx der Gegner dadurch, dass er ihnen Zulauf verschafft. Ein kluger Gewinner verhängt maßvolle Sanktionen. Ihm ist klar, dass Voraussicht und eine gewisse Rücksichtnahme langfristig den Sieg in das Wohlwollen der Besiegten verwandeln. In den Arenen unseres aktuellen Wirtschaftslebens hält man sich allerdings oft auch nicht an solche ritterlichen Spielregeln: Zugunsten des schnellen Gewinns werden Mitstreiter oft schlichtweg ausgenutzt, es werden Produktionsstätten mit Hilfe nationaler oder europäischer Steuergelder gegründet und geschlossen, als seien es Spieleinsätze auf einem weltweiten Monopoly-Feld. „Die Handy-Produktion in Bochum und Kamp-Linfort wird eingestellt", verkündete der Big Player Nokia vor einigen Jahren, fragte nicht nach dem Schicksal von Hunderten Arbeitskräften, sondern nur: „Hat jemand Interesse an den Maschinen oder dem Grundstück?" Die Karawane zieht weiter, hin zum nächsten Ort, an dem EU-Gelder winken. Und von dort aus weiter und weiter. Nokia zog nach Rumänien, nahm Zuschüsse in Millionenhöhe mit und schloss auch dieses Werk nach einigen Jahren, als die Gewinne nicht mehr so kräftig sprudelten.

Von einer Verantwortung der Unternehmensleitung für die Beschäftigten war wenig zu spüren; eine Verpflichtung, die erhaltenen Subventionen zumindest mit Wohlverhalten zu honorieren, empfand anscheinend niemand. Bei Verlusten stehen die Steuerzahler in der Pflicht. Und das gilt beileibe nicht nur für das finnische Unternehmen, zahllose andere ziehen in ganz Europa den Subventionen hinterher. Dabei sind diese Unternehmen überzeugt davon, marktkonform zu agieren; schließlich sind sie keine karitativen Einrichtungen. Sie bieten Arbeitsplätze – auf Zeit. Wenn ein anderer Ort, ein anderes Land, ein anderer Kontinent bessere Konditionen offeriert, dann müssen sich die bisherigen Vertragspartner auf Nachverhandlungen einlassen. Andernfalls werden die aktuellen Zelte über Nacht abgebrochen.

Wenn es allerdings nicht allein um einfache Mitarbeiter geht, sondern darum, höhere Kader auszumustern, zeigen sich die Nomaden durchaus kulanter. Outplacement ist ein gängiges Verfahren, mit Hilfe einer überschaubaren Zahlung elegant und vor allem lautlos Ballast abzuwerfen. Zum Portfolio der Anbieter gehört es, das entlassende Unternehmen dabei zu unterstützen, dem nicht mehr benötigten Manager die alleinige Verantwortung für seine künftige

Employability zuzuweisen. Der Ablasshandel funktioniert symbiotisch: Der ehemalige Mitarbeiter schluckt notgedrungen den Köder, das Unternehmen wird schlanker und wendiger, der Service lässt sich steuermindernd verbuchen, und der Dienstleister wächst und gedeiht.

Die Verantwortung wird anonymen Märkten zugeschoben

Der Schlachtruf „Wir bei Krupp" stand einst für eine verantwortungsbewusste Personalführung. „Wir bei Nokia" klänge nur zynisch. In den europäischen Familienunternehmen war es einst Usus, sich um die Mitarbeiter und ihre Familien zu kümmern, sich für den Ort oder die Region verantwortlich zu fühlen, in der das Unternehmen angesiedelt war. Firmen dieser alten Art forderten nicht nur, sie förderten – kulturell, karitativ oder im sportlichen Bereich. In diesen Unternehmen waren die Lasten ausgewogen verteilt: Die Mitarbeiter bekamen ihre Aufgaben zugewiesen, und sie konnten sich im Gegenzug darauf verlassen, dass die Eigentümer auch in Krisenzeiten ihre selbst auferlegte Pflicht erfüllten und sich ihrer Verantwortung stellten. Heute werden Popanze namens „die Globalisierung", „die internationalen Finanzmärkte" oder schlicht und einfach „der Markt" beschworen, um sich der Verantwortung zu entledigen. Praktischerweise kann man diese dunklen Kräfte nicht in personam haftbar machen. In Krisenfällen zieht sich die Elite aus der Schusslinie und beteuert wortreich ihre Machtlosigkeit.

Nicht nur die Mitarbeiter stehen außen vor, wenn das betriebswirtschaftliche Kalkül Härte fordert. Auch als Zulieferer gehört man nicht zum engeren Kreis und schon gar nicht zur großen Unternehmensfamilie. Lieferanten sind Abhängige ohne jegliche Absicherung oder Auftragsgarantie. Ihre Unique Selling Proposition ist in der Regel ein flüchtiger Faktor, nur im Augenblick des Vertragsabschlusses einzigartig und kann in der Praxis leicht von einem der inzwischen global auftretenden Mitbewerber ersetzt werden. Das macht sich bemerkbar in den Vertragsverhandlungen, das wird überdeutlich beim Passus „Zahlungsziel". Dass kleinere Zulieferer sechs Monate und länger auf die Begleichung ihrer Rechnungen an Konzerne warten müssen, ist keine Seltenheit. Wer mit seinem Angebot die Konkurrenz nicht auf Dauer aus dem Feld schlagen kann, muss jede Kröte schlucken. Weltweit lauern schon Nachfolger an den Startblöcken, die nur allzu gern am Rennen teilnehmen wollen.

Eliten und die Doppelmoral:
Darin waren die Azteken frühe Meister

Unternehmen sind ein Spiegel ihres Umfelds; sie lenken den Blick auf charakteristische Merkmale. Und diejenigen, die allein auf ihr Gewinnziel starren, sind nicht die einzigen, die sich aus der Verantwortung für die Allgemeinheit stehlen. Wer glaubt, dass Drohungen und Erpressungen zwischen Staaten und Wirtschaftseinheiten einer düsteren

Vergangenheit angehören, hält die Erde auch noch für eine Scheibe. So, wie die Azteken die unterworfenen und tributpflichtigen Stämme zwangen, mit ihnen ein Monopson einzugehen (sie durften ihre Erzeugnisse ausschließlich an die Azteken verkaufen, die ihre Nachfragemacht daraufhin weidlich ausnutzten), verhalten sich heute noch Unternehmen, ja sogar große Nationen. In Sonntagsreden wird der freie Warenaustausch beschworen, und am Montag geht man wieder zur Tagesordnung über.

Wenn es um die eigenen Vorteile geht, rücken ansonsten gern beschworene politische Allianzen in den Hintergrund, geraten werbewirksam erhobene Postulate in Vergessenheit. Freier Warenaustausch? Gewiss – solange er uns nutzt und nicht den anderen! Verbraucherschutz? Freilich – wenn er nichts kostet! Der Schutz geistigen Eigentums? Vorzüglich – doch was wem gehört, ist noch längst nicht ausgemacht!

Manche Staaten tarnen geopolitische Interessen unter dem Deckmantel eines mutigen und selbstlosen Eintretens für Demokratie und Menschenrechte. In Wahrheit geht es um strategische Verteidigungslinien, um Erdöl, um seltene Erden und um neue Absatzmärkte für die heimische Wirtschaft. Sobald das Preis-Leistungs-Verhältnis aber aus dem Ruder läuft, also wenn der Einsatz der eigenen Ressourcen (in Mesoamerika: Soldaten und Kriegsgerät) nicht im vorgesehenen Zeitrahmen die erwarteten Ergebnisse bringt, dann wird zum Rückzug geblasen. Falsche Elite kann sehr beredt sein bei dem Versuch, die eigenen Vorteile zu untermauern. Falsche Elite kann sich aber auch mühelos wegducken, wenn es um eine faire Verteilung der Lasten und um Anstand und Moral geht.

Nicht nur in den USA erheben die Spitzen der Gesellschaft hohe Ansprüche an andere und an sich selbst. Sie pflegen ein hehres Selbstbild und lassen das Fremdbild vielfach nur gefiltert an sich dringen. Von der Realität zeugt eine amerikanische Gefängnis-Garnison an der Nordküste Kubas, und sie zeigt sich demjenigen, der endlich ein weltweites Verbot von Landminen fordert und am Veto der NATO-Schutzmacht scheitert. Die Realität heißt wie zu Zeiten der Azteken schlichtweg: Doppelmoral. Was dem eigenen Volk nutzt, ist gut. Was auch den Nachbarn Vorteile bringen könnte, verlangt nach einem sorgfältigen Abwägungsprozess.

Die Eliten von heute und die der aztekischen Ära haben eines gemeinsam: Sie sind überfordert. Zwischen Schein und Wirklichkeit klafft vielfach eine große Diskrepanz. Wenn Elite für mehr stehen soll als für das Streben nach und den Erhalt von Macht und Geld, dann muss sie nicht nur auf ihre Rechte und Privilegien pochen, sondern vor allem die eigenen Verpflichtungen wahrnehmen und sich als Vorbild empfinden – und entsprechend handeln. Der Terminus „Gemeinwohl" mag noch so angestaubt klingen. Doch danach ebenso zu trachten wie nach dem persönlichen Wohlergehen, sollte Eliten auch heute noch auszeichnen.

These 2:
Jede Herrschaft, die auf der Angst der Beherrschten beruht, ist fragil

Wenn Mitglieder einer Gruppe nicht loyal zusammenstehen, dann setzen sie sich für den anderen nur ein, wenn sie dazu gezwungen sind – etwa aus Furcht vor negativen Folgen. Angst hält alle bei der Stange, allerdings nur so lange, wie sie überzeugend eingeflößt wird und die Unterlegenen (noch) keine Möglichkeit sehen, das Machtmonopol der Oberen auf irgendeine Weise zu brechen – durch Widerspruch, Agitation, Streik, Aufstand, Boykott oder Gegengewalt. Entführungsopfer nutzen die erste Chance zur Flucht selbst dann, wenn sie – Stichwort Stockholm-Syndrom – Verständnis, ja sogar Sympathie für ihre Entführer aufbringen.

Die Azteken waren Meister der Unterdrückung. Ihr wirkungsvollstes Machtmittel war, wie wir gesehen haben, die Angst. Aus Furcht vor Krieg, vor barbarischer Bestrafung und vor dem Tod gehorchten die eroberten Völker dem Diktat der Sieger. Vae victis – Wehe den Besiegten – dieses System funktionierte, solange keine Einflüsse von außen den Widerstand im Innern beflügelten. Als die Spanier einrückten, bekamen die geknechteten Stämme eine vermutlich äußerst willkommene Gelegenheit zu Umsturz und Verrat. Und sie nutzten sie sofort.

Dieses Phänomen ist nicht untergegangen mit dem Reich der Azteken. Wenn heutige Führungseliten ihre beherrschende Position nicht auf der Loyalität der Mitglieder gründen, sondern eine Angstherrschaft errichten, dann steht auch ihre Macht auf einem tönernen Sockel. Es verzehrt zudem enorme Ressourcen, ein ungeliebtes System gewaltsam aufrechtzuerhalten. Allein der Kontrollaufwand ist gewaltig. Und in den meisten Fällen ist die Anstrengung nicht einmal erfolgreich.

Angst kreiert Untergebene, aber keine Helfer und Partner

Als Beispiel aus der neuzeitlichen Wirtschaft sei General Motors genannt. Das Unternehmen droht Politik und Gewerkschaften seit Jahren damit, seine europäischen Produktionsstätten zu schließen. General Motors behauptet, dies sei ökonomisch notwendig. Kritiker mutmaßen hingegen, der Konzern strebe nach besseren Konditionen. Das Medienecho jedenfalls ist durchweg negativ: „Opel ist ein Irrenhaus, für sich selbst unberechenbar. Die hampeln vor sich hin – von Panne zu Panne", schimpfte Autoexperte Ferdinand Dudenhöffer; der Imageschaden dürfte so permanent sein wie gewaltig. Als Folge davon genießt Opel in Deutschland inzwischen nicht nur einen schlechten Ruf als Arbeitgeber, sondern allmählich auch als Autoproduzent.

Die lähmende Wirkung der Angst ist aus Prüfungssituationen wohlbekannt. Angst erhöht auch die Gefahr, Fehler zu machen, und sie lässt den Mut sinken, nach ungewöhnlichen Lösungen zu suchen. Darin unterscheidet sich die Angst grundlegend von der Not, die nicht nur einem Sprichwort zufolge erfinderisch macht. Während die Azteken mit Brachialgewalt ihre Schreckensherrschaft über die Besiegten festigten, gehen viele der heutigen Eliten in ihrem politischen oder wirtschaftlichen Umfeld subtiler vor. Beispielsweise werden Rituale eingeführt, vorgeblich, um Mitarbeitern und Kooperanden das erbetene Feedback zu geben. Praktisch aber führen solche Inszenierungen oft dazu, schon im Vorfeld Versagensängste zu schüren – und wenn dann die Leistung abfällt, rechtfertigt das in den Augen der Regisseure einen Anstieg des Drucks. Vor Beginn der jährlichen Runde der Bewertungsgespräche wird der Einsatz verdoppelt. Wer Angst verspürt, seinen Arbeitsplatz zu verlieren, der ist furchtgedrungen zu Zugeständnissen bereit.

Nur ein starkes Selbstbewusstsein kann Differenzen tolerieren

Angst paralysiert nicht nur, sie nährt auch den mit allen Mitteln geführten Konkurrenzkampf unter Menschen, die eigentlich kooperieren sollten. Dies wiederum kann dem Mächtigen, im Privaten ebenso wie im beruflichen Umfeld, sowohl nutzen als auch schaden. Wer sich vor dem Verlust des Ansehens, der Position, des Renommees fürchtet, steigert vielleicht seine Anstrengungen und erreicht mehr als zuvor. Aber das mit der Angst oft verbundene Gefühl der Ohnmacht kann auch dazu führen, dass die Einsicht in den besten Weg bewusst verdrängt wird. Dann ist es nicht mehr das Ziel, eine Aufgabe bestmöglich zu erfüllen, dann geht es nur noch darum, möglichst nicht mit einem Fehlverhalten oder einer Schlechtleistung aufzufallen. Wer sich seiner Sache gewiss ist, braucht die Knute nicht, um seine Überlegenheit zu beweisen.

Eliten, die sich nicht die Loyalität ihrer Mitstreiter erarbeiten, wandeln auf dünnem Eis. Sie züchten Verfolger heran, die nur darauf warten, in der Führungskraft oder dem politischen Vorgesetzten eine Schwäche auszumachen, die dann zum eigenen Vorteil aufgedeckt werden kann – und wird. Elite muss ihr Umfeld ständig neu überzeugen, dass sie zu Recht die Führungsrolle innehat. Sie muss sich ihre Sonderstellung permanent verdienen. Und das kann ihr nur gelingen, wenn sie die ihr Anempfohlenen zu sich ins Boot holt.

These 3:
Paradigmen müssen von Zeit zu Zeit hinterfragt werden

Wie wir gesehen haben, standen alle Mitglieder der azte-kischen Gesellschaft unter einem enormen Druck. Die zum Staatsglauben erhobene Religion, ein quer durch Berufe und Schichten ausgeübter Leistungszwang und das von allen Volksangehörigen und den unterworfenen Stämmen erwartete Normverhalten ließen die persönlichen Freiheitsgrade auf null sinken. Das wurde indes nicht als Nachteil gewertet, denn weder die Individualität noch der Wettbewerbsgeist der Azteken waren in mindester Weise entwickelt. Stattdessen hatten sie, wie der amerikanische Archäologe und Maya-Forscher Sylvanus Morley (1947, S. 34) hervorhebt, „große Achtung vor dem Gesetz und einen ausgeprägten Sinn für Gerechtigkeit".

Diese Qualitäten waren gleichzeitig die große Schwäche der frühen Amerikaner gegenüber den Europäern. Denn in ihrem engen Korsett konnte die präkolumbianische Gesell-schaft zwar knapp zweihundert Jahre lang wachsen und gedeihen, doch einer epochalen Umwälzung, wie sie mit dem Auftauchen der spanischen Conquistadores heraufzog, hatte sie nichts entgegenzusetzen: „Die Azteken wurden erobert, weil sie den Menschentyp, dem die Eroberer ange-hörten, nicht begreifen konnten." (Collier, J., 1960, S. 97) Und so mussten die Veränderungen zwangsläufig zum Aus-einanderbrechen der bisherigen Ordnung führen – zumal es den Machthabern nicht mehr gelang, angesichts des Neuen ihre auf Angst vor der Tradition beruhende Herrschaft zu erhalten.

Ebenso, wie sich menschliche Gesellschaften nur ohne religiöses Engagement weiterentwickeln können (vgl. Luhmann, N., 1987, S. 227f.), bedrohen nicht angezweifelte und in Strukturen und Prozessen institutionalisierte Paradigmen den fruchtbaren Kampf mit dem Zeitgeist – spätestens dann, wenn Gefahren heranbrausen.

Auch die heutigen, anscheinend fest und dauerhaft etablierten Systeme und Organisationen stehen vor gewaltigen Risiken. Und immer dann, wenn sich ein Markt oder eine Gesellschaft auf einen kritischen Wendepunkt zubewegen, geraten bisher anscheinend fest verankerte Denk- und Verhaltensprinzipien aus der Balance. Für einen Organismus wie für eine Organisation ist das ein prinzipiell gutes Zeichen – die Abwehrkräfte geraten in Bewegung, die neue Zeit tritt in den Kampf gegen das alte Denken; auf Sicht wird das Überlegene gewinnen. Glaubensgrundsätze, Dogmen und Paradigmen können nur so lange dominieren, wie sie nicht von stärkeren Argumenten und neuen Überzeugungen angefochten, besiegt und abgelöst werden. Wenn aber selbst brachiale Erschütterungen kein neues Leben mehr wecken können, wenn all das, was bisher undenkbar war, weiterhin ignoriert, verbannt, „verteufelt" wird, dann steht der Erhalt eines lebendigen Systems auf dem Spiel.

Diese Erkenntnisse lassen sich vom Aztekenreich ohne Mühe auf die Moderne übertragen: Wenn tradierte Werte keine allgemeine Akzeptanz mehr finden, werden sie sich kaum noch bewahren lassen und bedürfen der Erneuerung. Wenn die oberste Führung einer Gesellschaft oder eines Unternehmens wider neues Wissen eisern am tradierten Glauben festhält und die Geführten zwingt, es ihnen gleich zu tun, dann reißt sie sich selbst und alle anderen mit ihr in den Abgrund.

So ist der Kanon der geläufigen Unternehmenswerte zwar keine Religion. Trotzdem müssen seine Verteidiger darauf achten, politische, gesellschaftliche und technische Entwicklungen einzubeziehen und sich den veränderten Gegebenheiten anzupassen. Denn Führungskräfte in den Unternehmen können ihre Entscheidungen heute nicht mehr autonom treffen. Sie gelten auch keineswegs als unfehlbar. Sie sind auf Zeit bestellt, und wenn sie nicht mit der Zeit gehen, dann wird ihre Bestellung ein jähes Ende finden.

Es darf keine „Heiligen Kühe" geben

Unsere moderne Gesellschaft pflegt das Streitgespräch. Darauf sind wir stolz, so unbequem es im Einzelfall auch sein mag, und so lehren wir es auch in den Schulen und Universitäten: Glaubensgrundsätze jeglicher Art sind immer wieder kritisch zu diskutieren und infrage zu stellen, damit sie nicht an Überzeugungskraft verlieren. Mehr noch: Um die Gegenargumente zu entkräften und ihre Strahlkraft nachdrücklich unter Beweis zu stellen. Paradigma bedeutet ja nichts anderes als „Vorlage", „Muster" oder „Beispiel". Derartige Gebilde sind im Zeitablauf wechselnd konzipiert und werden es zweifellos bleiben.

Folglich muss auch eine Unternehmensführung regelmäßig überprüfen, ob die von ihr vorgegebenen Werte, Strukturen und Prozesse tatsächlich zum Erfolg des Unternehmens beitragen. Vielleicht ist das eine oder andere mittlerweile obsolet geworden oder steht sogar im Widerspruch zu anderen „Heiligen Kühen". Organisatorische Gewohnheiten wie die Präsenzpflicht von Arbeitnehmern geraten durch den Trend zum Home Office (und wieder zurück, eingeläutet durch die Rückrufaktion von Yahoo in diesem Frühjahr) ins Wanken und gehören regelmäßig auf den Prüfstand. Ebenso die Lieblingsplätze jugendlicher Verbraucher: Erst jetzt machen sich viele Marketingabteilungen auf zu den Social Media wie Twitter und Facebook – just zu dem Zeitpunkt, da sich die Jungen gelangweilt davon zurückziehen und die deutlich älteren Baby Boomer dieser Plattformen bemächtigen. Dem Axiom zu folgen, nach dem der Shareholder Value als höchstes Firmengut anzusehen sei, war zu Beginn der 1990er Jahre durchaus sinnvoll. Eine Generation später sein Loblied zu singen, zeugt hingegen von Unkenntnis der Lehren der jüngeren Wirtschaftsgeschichte.

Es gehört zu den Aufgaben von Führungskräften – nicht nur in der Wirtschaft –, dafür zu sorgen, dass notwendige Innovationsprozesse angestoßen, eingeleitet und durchgeführt werden und in ihrem Verlauf möglicherweise auch Veränderungswünsche an bisher allgemein akzeptierten Mustern auftreten. Führung muss Veränderung zulassen und fördern.

Ein gelegentlicher Paradigmenwechsel ist keine Fingerübung der Güte „nice to have." Ohne periodisches Innehalten zum Zwecke der Überprüfung bisheriger Usancen und heiliger Regeln läuft eine Organisation immer Gefahr, die Bodenhaftung zu verlieren. Nichts ist gefährlicher als Erfolg, über dessen Ursachen niemand mehr nachdenkt und den jeder für selbstverständlich hält. Nicht nur Misserfolg, sondern auch Erfolg muss analysiert werden. Wenn das alte Leitbild nicht erstarren soll, muss es mit angemessener Flexibilität gewartet werden.

Organisationen dürfe nicht erstarren. Sie müssen ihre Strukturen und Prozesse regelmäßig auf den Prüfstand stellen. Zwingend dafür nötig ist ein permanentes Executive Development. Nur die stetige Weiterbildung der Führungsmannschaft kann eine auf Dauer tödliche Stagnation verhindern und den anhaltenden Erfolg einer Institution oder Organisation garantieren. Es ist die Pflicht der Führungskräfte, eine regelmäßige Weiterbildung ihrer Eliten zu institutionalisieren und verbindlich zu machen.

These 4:
Ständige Innovation ist nötig, um die Entwicklung nach vorn zu treiben

Jede Gesellschaft, jedes Unternehmen muss seine Dienstleistungen und Produkte laufend fortentwickeln, um bisherige Mitglieder und Kunden zufriedenzustellen. Wenn die verantwortlichen Eliten ihr Tun nicht als wandelbaren Prozess verstehen, in dem es darum geht, für variierende Anforderungen bedarfsgerechte Variationen zu entwickeln, dann wird das Modell scheitern, dann werden die Angebote auf Dauer nicht überzeugen können. Ein Staat, der sich der Loyalität seiner Bürger nicht sicher sein kann und den nur hohe Mauern, Stacheldraht und Selbstschussanlagen vor dem Ausbluten bewahren können, ist zum Scheitern verurteilt. Eine Branche, die wie die Automobilhersteller den Zeitgeist ignoriert und alternative Antriebe, E-Mobilität oder den Hybrid-Wagen zu niedrig priorisiert, bekommt zwangsläufig ernste Probleme.

Stillstand ist gleich Rückschritt

Das heißt nicht, dass jedes neue Verfahren, jedes neue Produkt oder jede neue Organisationsform schon innovativ ist und damit per se erfolgreich sein wird. Manche auf den ersten Blick als revolutionäre Neuerungen gefeierte Phänomene erweisen sich schon nach kurzer Zeit als Eintagsfliegen. Doch die Warnung vor der Stagnation muss dennoch ausgesprochen werden. Weder Unternehmen noch Gesellschaften dürfen sich auf ihren bisherigen Meriten ausruhen. Das Bonmot des französischen Politikers Charles-Maurice de Talleyrand reicht weit über den militärischen Bereich hinaus: „Mit Bajonetten kann man alles Mögliche machen – nur nicht darauf sitzen!"

Den Azteken genügte vollauf, was sie erreicht hatten. Ihnen fehlten genuine Neugier und Wissendurst, vielleicht auch der Mut, die eingefahrenen Wege zu verlassen. Sie klammerten sich an ihre Traditionen und verspürten offenbar nicht den Drang, ihren Blickwinkel zu erweitern. Anders als die Inka (Stähli, A. 2013) war es ihnen kein inneres Anliegen, ihr Handwerkszeug, ihre Methoden oder Verfahren ständig zu verbessern, ihren Naturglauben zu hinterfragen und ihre Sicht auf die Gesellschaft zu korrigieren. Damit beraubten sie sich selber der Chance, auf Veränderungen angemessen zu reagieren – etwa auftretende Konkurrenten in Schach zu halten – und den Verdrängungswettbewerb zu gewinnen. Sie unterließen es zugleich, das eigene Volk dank steigender Lebensqualität zu Höchstleistungen zu animieren.

Innovationen dienen ja nicht nur der Eroberung. Als Mittel der „Kundenbindung" sind sie auch die Basis für den Erhalt des Status quo. Kunden, Bürger und auch Mitarbeiter müssen immer wieder neu gewonnen werden, um sie auf Dauer zufriedenzustellen. Forschung und Wissenschaft leisten auf diese Weise auch wichtige Beiträge zum Erhalt des sozialen Friedens. Es versteht sich von selbst, dass auch die Trainer in diesen Prozessen immer wieder eigenes Training in Form von Weiterbildung genießen sollten.

Innovationen müssen allgemein gewollt und akzeptiert sein, sie zu veranlassen, ist aber das Primat der Führung. Ohne die Bereitschaft hierzu und ohne ein überlegtes Innovationsmanagement haben selbst notwendige Neuerungen keine Chance. Das bedeutet, dass sich Innovationen nur in einem freien, offenen Umfeld entwickeln können. Neues, das sich durchsetzen soll, braucht kluge Entwickler und starke Fürsprecher. Ansonsten scheitert es am Trägheitsprinzip, das da lautet: Warum sollen wir etwas ändern, das doch schon so lange so gut funktioniert?

These 5:
Man muss die Zukunft planen, um nicht mit der Gegenwart unterzugehen

Eine Gesellschaft, die sich niemals auf Neuland wagt, sondern allein ihren Traditionen folgt, wird – wie die Glaubensgemeinschaft der Amish in den USA – bestenfalls in einer geschützten Nische überleben können. Sie bleibt stark von der Toleranz und vom Wohlwollen ihres Umfelds abhängig.

Eine solche Gruppierung braucht als Bindemittel eine starke Ideologie. Mit der Androhung von Sanktionen lassen sich die Mitglieder nur zeitweilig von Aufruhr abbringen. Ohne permanente Indoktrination und ohne Repression ist die natürliche Hinwendung der Jungen in Richtung Zukunft nicht aufzuhalten.

Die Azteken dachten nicht strategisch

Die Azteken herrschten mit und durch Gewalt. Ihr rigoroser Götterglaube verlieh ihnen die Macht, ihre Macht verlieh ihnen die Instrumente, ihre Instrumente verliehen ihnen ihren Herrschaftsanspruch. Die Elite setzte auf Angst und Schrecken; strategisches Denken und Handeln lagen ihnen fern. So kam es den aztekischen Kriegern gar nicht in den Sinn, ihre im Kampf unterlegenen Feinde auf der Stelle umzubringen, um die Situation endgültig zu klären. Sie schonten ihre Gegner, aber nicht etwa, um sich großzügig zu zeigen, vielmehr gedachten sie die Gefangenen anlässlich ritueller Feiern zu opfern. Als Strategie ist ein solches Vorgehen riskant. Schließlich könnte sich der Gegner noch in letzter Minute befreien. Etwas Unerwartetes könnte geschehen und den Sieg wider Erwarten doch noch in eine Niederlage verwandeln.

Beutezüge dieser Art funktionieren prächtig, solange die Akteure unbehelligt ihrer Arbeit nachgehen können und solange noch Gold im Boden steckt. Wenn nur eine dieser Voraussetzungen nicht mehr erfüllt ist, kollabiert das Geschäftsmodell wie einst das der aztekischen Elite. Auch sie dachte nur an das Hier und Jetzt. Für die Zukunft waren die Götter zuständig. Nur der Ertrag ihrer Latifundien schien ihnen wertvoll, nicht aber der Acker als solcher. Sie säten und sie ernteten, aber – wiederum ganz anders als die Inka – sie kultivierten nicht. Es gehörte nicht zu ihren Planspielen, sich auf eine veränderte Zukunft einzurichten.

Was man nicht plant, übt man nicht ein, darauf bereitet man sich nicht rechtzeitig vor, das gerät immer mehr aus dem Blickfeld, und das ist in der Krise auch nicht abrufbar. Im Umkehrschluss bedeutet das: Die Vorbereitung auf die Zukunft muss regelmäßig, rechtzeitig und konzentriert angegangen werden. Für das Morgen muss man sich schon heute konstant und umfassend weiterbilden. Diese Herausforderung gilt für die Politik genauso wie für die Wirtschaft.

These 6:
Geschlossene Eliten führen einer Gesellschaft kein neues Blut zu. Sie trocknen sie aus und führen sie in den Untergang.

Es klingt martialisch, es ist aber wahr: Auch Eliten brauchen frisches Blut von außen, um nicht auszutrocknen. Eine Adelskaste, die den Inzest zulässt, ja, fördert, büßt von Generation zu Generation an Intelligenz, Talent, Klugheit, Kraft und Durchsetzungsvermögen ein. Das Ergebnis ist am verblassenden Ruhm zahlreicher Dynastien der Weltgeschichte zu beobachten. Auch auf dem Terrain der Ideologien führt die konzentrierte Produktion von Klonen zu Degeneration. Wenn Abweichendes grundsätzlich ausgesperrt wird, erstarrt jede menschliche Gemeinschaft. Denn Kreativität ist direkt abhängig von Vielfalt und der spielerischen Möglichkeit, das Andere, das Unmögliche, das bisher Verbotene zu denken.

Mancherorts hat man das begriffen. So verkündete der deutsche Softwarekonzern SAP im Mai 2013, bis 2020 weltweit 650 Autisten als Softwaretester, Programmierer und Spezialisten für Datenqualitätssicherung einstellen zu wollen. Damit kommt man zwar einer gesetzlichen Auflage entgegen, interessant ist die Begründung der Ankündigung dennoch: „Jeder Mensch hat andere und einzigartige Fähigkeiten. Wir bei SAP möchten die Talente jedes einzelnen Mitarbeiters fördern", so Luisa Delgado, Vorstandsmitglied der SAP AG, Human Resources. Bei SAP sei man der Meinung, „dass Innovation ‚an den Rändern' entsteht. Nur wenn wir Mitarbeiter einstellen, die anders denken und so Innovationen fördern, kann SAP den Herausforderungen des 21. Jahrhunderts begegnen." (SAP-Pressemitteilung vom Mai 2013)

Zweifelsohne steckt hinter einer solchen Annonce der Wunsch nach einer dem Unternehmen wohlgesinnten Öffentlichkeit. Nichtsdestotrotz ist die verkündete Einsicht richtig und stünde auch anderen Organisationen gut zu Gesicht. Wenn große Law Firms ihren Nachwuchs dauerhaft von denselben Hochschulen beziehen, macht das nur auf den ersten Blick Sinn. Man hat mit bestimmten Ausbildungsstätten in der Vergangenheit sehr gute Erfahrungen gemacht, man kennt die Güte der Absolventen, man weiß, wen man bekommt, warum also sollte man von diesem Muster abweichen? Doch auf Dauer bergen Routinen und feste Schemata ein nicht unerhebliches Erstarrungsrisiko. Wer immer nur die eingefahrenen Routen wählt, beraubt sich vieler ungewohnter Ausblicke. Nur wer vom Weg abweicht, kann Neues entdecken.

Geschlossene Systeme nähren Abhängigkeiten

Das ist der eine Gesichtspunkt. Ein anderer ist mindestens so bedeutend: Gute, alte Kontakte sind zwar hilfreich, weil man weiß, was man zu erwarten hat und man das Risiko überschauen kann.

Doch bei geschlossenen Netzwerken, die über Jahre hinweg Bestand haben, schleichen sich ungewollt oder auch durchaus beabsichtigt Abhängigkeiten auf beiden Seiten ein. Man verlässt sich aufeinander, man richtet das eigene Verhalten am anderen aus. Das funktioniert gut, bis das Netzwerk irgendwann zu dicht gesponnen ist, bis man sich in der internen Gedankenwelt verstrickt. Auch die wissenschaftliche Ausbildung unterliegt den Zeitströmungen. Wenn der Nachwuchs in einem Unternehmen oder einer politischen Institution stets aus der gleichen Denkschule kommt und immer nur mit dem gleichen Futter genährt wurde, unterbleiben möglicherweise gerade die Denkanstöße, die interessante Innovationen auf den Weg bringen könnten und zu einem besonders großen wirtschaftlichen oder politischen Erfolg führen würden. Entdecker sind oft gegen den Strom geschwommen. Sonst hätten sie das andere Ufer niemals vor den anderen erreichen können.

„Alte Schulen" haben viele Vorteile, laufen aber gleichzeitig Gefahr, unnötige Blockaden zu errichten. Der Zugang zur Führungselite muss allen Talenten offen stehen. Wer wie die Azteken bestimmte Gruppen von vornherein ausschließt, vergibt überlebensnotwendige Chancen. Deutlich wird wieder einmal, dass eine Gesellschaft sich mit großer Anstrengung der Sondierung und gezielten Weiterbildung ihrer zukünftigen Eliten widmen muss.

Was die Elite nicht vergessen darf, um nicht vergessen zu werden

Noch nie wurden Spitzenpolitiker, Präsidenten von supranationalen Organisationen, Sprecher von namhaften Vereinigungen und Vorstandsvorsitzende in solch großer Zahl ausgetauscht wie in der jüngeren Vergangenheit. Hier Namen zu nennen, wäre gleichsam ein historisches Unterfangen, da zum Zeitpunkt des Erscheinens dieses Buches mit Sicherheit die nächsten im Gespräch sind. Wer heute als Held gefeiert wird – oder sich wie die Azteken selbst feiert –, kann morgen schon vergessen sein.

Eliten, das zeigt das Beispiel Motecuzomas und des aztekischen Volkes deutlich, sind langfristig nur in ihren eigenen Augen sakrosankt. Früher Kaiser, Könige, Fürsten und Azteken-Herrscher, heute Präsidenten, Regierungschefs, Top Executives und andere Führungspersönlichkeiten verlieren sehr schnell an Glanz und Gloria, wenn sie ihren Aufgaben als Leader nicht gerecht werden und kein Verantwortungsgefühl für die Geführten an den Tag legen. „Wirkliche Management Excellence zeigt sich seit jeher in der Bewältigung von unternehmerischen Herausforderungen", habe ich bereits 2003 geschrieben (Stähli, A., 2003, S. 13) und mahnend hinzugefügt: „Die notwendige Voraussetzung hierfür ist ein hohes Maß an

Fach- und Führungswissen; doch fast entscheidender noch sind die persönlichen Einstellungen zum Menschen, zur Ökonomie und zur Zukunft, die Werte und damit die geistige Grundhaltung der Führungspersönlichkeit. Aus ihr wächst die moralische Verantwortung für unternehmerisches Handeln."

Wenn Führungskräfte, deren Position, aber nicht deren Persönlichkeit sie über andere erhebt, allein auf Ja-Sager hören und sich von diesen auf ein unnahbares Podest heben lassen, verlieren sie den Kontakt zu den Menschen, die in ihnen Vorbilder sehen wollen. Leadership nach innen bedeutet: Gelebte Vision, gepaart mit ausgeprägter Kommunikationsfähigkeit auf allen Ebenen und in allen Bereichen, welche die Mitstreiter anspornt und ständig dazu motiviert, neue Ideen zu entwickeln.

Echte Elite vermittelt nicht den Glauben an den Sieg, sondern den Sinn im Sieg

Motivation hat viel mit Begeisterung zu tun. Verantwortungsvolle Anführer begeistern denn auch ihre Anhänger und ziehen Gegner auf ihre Seite, indem sie keinen Hehl aus ihrer Absicht machen, die Zukunft nach ihren Vorstellungen zu gestalten. Sie lassen andere an ihren Ideen teilhaben, spornen sie zu kritischem Feedback an und sparen nicht mit Anerkennung. Diese Anführer haben in der Regel ein positives Bild von ihren Mitarbeitern und zeigen es auch. Sie wollen, dass sich niemand als unbedeutendes Rad im Getriebe fühlt, dass niemand glaubt, an seinem Platz ohnehin nichts Bedeutendes schaffen zu können. Echte Elite kann ihren Gefolgsleuten vermitteln, dass die Erfüllung ihrer Aufgaben einen Sinn hat, der dem Ganzen dient. Und dass man heute schon versuchen sollte, sich morgen selbst zu übertreffen. Denn auch das ist Teil der Vorbildfunktion exzellenter Führungskräfte: Anführer, die mit Recht zur Elite gehören, hören niemals auf zu lernen.

Bei keinem einzigen der vorangegangenen Sätze kann man die Fürsten der Azteken als gutes Beispiel heranziehen. Sie haben autoritär, nicht autoritativ gehandelt. Sie hegten nicht die Spur eines Zweifels an ihrer Überlegenheit. Sie fühlten sich unantastbar im Schutz ihrer Götter – so, wie sich heutige Vorstände des bedingungslosen Wohlwollens ihrer Mehrheitseigner oder des Aufsichtsrats sicher wähnen.

Doch Götter lassen sich nicht benutzen, weder die der Azteken noch die moderner Anführer. Für diejenigen von ihnen, die im Glauben groß geworden sind, dass Macht und Rückendeckung durch Obere schon die Gewähr für deren Erhalt bietet, bedeutet das zuweilen ein bitteres Erwachen. Es muss nicht gleich so dramatisch enden wie die Herrschaft von Motecuzoma II, der vermutlich bis zu seinem Ende nicht verstanden hat, worin er versagt hat. Heute verliert nicht mehr sein Leben, sondern nur die Insignien der Macht, wer leidvoll erfahren muss, dass sich die Maßstäbe, an denen eine Gesellschaft ihre Elite misst,

ganz erheblich nach oben verschoben haben. Man fragt
nach Kernkompetenzen und Leistungsbeweisen – was hät-
ten die Azteken darauf zu sagen gehabt? Man erkundigt
sich, in welchem Maße sich das Ansehen der geführten
Organisation oder Unternehmung unter der Ägide des
Mannes oder der Frau an der Spitze verbessert haben – die
Azteken hätten schweigen müssen. Aufgehorcht wird nicht
schon bei der wohlklingenden Schilderung von Visionen,
sondern erst dann, wenn belastbare Ergebnisse auf dem
Tisch liegen. Anders als den Maya und den Inka ist es den
Azteken nicht gelungen, die Zeugnisse ihrer Größe für die
Nachgeborenen zu bewahren.

Die Azteken waren eine Hochkultur – aber keine große Kultur

Nur dank dem vorausblickenden und voraushandelnden
Format ihrer Leitenden bewahren Staaten wie Unternehmen ihre innere und äußere Gestalt über ein, zwei
Menschenalter hinaus. Mit Glück, offenem Verstand,
Lernbegierde und Verständnis für menschliche Bedürfnisse gewinnen sie an Größe, bilden eine andere Menschen
anziehende Kultur aus, schaffen Vertrauen und gewinnen
selbst bei ihren Gegnern Respekt. Eine solche Kultur
kann Generationen überdauern und den stärksten exo-
genen Schocks trotzen. Es gibt nicht viele Staaten und
Unternehmen, denen das heute noch zuzutrauen ist. Für
den Fortbestand welchen Landes, welcher internationaler

Organisation, welches Konzerns im 22. Jahrhundert würden Sie Ihre Hand ins Feuer legen?

Die menschliche Geschichte ist voll von Beispielen, die zeigen, wie falsche Eliten die ihnen anvertrauten Gesellschaften zugrunde gerichtet haben. Häufig scheiterten die Anführer an persönlichen Schwächen. Oft genug fehlten ihnen die Souveränität, ihr persönliches Weltbild nicht zum Maß der Dinge zu machen, und die Weisheit, die Gegenwart nicht in die Zukunft fortzuschreiben. Oft genug strebten sie nach Talmi, nach falschen Zielen, oder sie verwendeten Blendwerk, nämlich keine oder die falschen Instrumente, um einen an sich richtigen Weg zu Ende zu gehen. Oft genug schufen sie sich Abgötter statt Gefährten und suchten das Wohlgefallen der Ersten durch den Verrat an Letzteren zu erlangen.

Wie das Ende aussieht, illustriert der Niedergang der Azteken. Ohne die unbestreitbare Ignoranz der spanischen Eroberer entschuldigen zu wollen, machten es Motecuzoma und die Kaste der Adligen den Conquistadores leicht, sich ihres Landes und ihrer Kultur zu bemächtigen.

Sich nahe den Göttern glaubend, stand die Elite doch so fern den Menschen, selbst denen aus dem eigenen Volk. Der gläubige Blick in die Sonne verstellte ihr die Einsicht, dass weder Besitz noch Verfügungsmacht noch Sanktionsrechte dauerhaft eine Gesellschaft vor dem Untergang bewahren. Sie kannten zwar die Bausteine, aus denen wahres Miteinander besteht, doch sie nutzten sie nicht. Das Fundament einer jeden menschlichen Gemeinschaft ist das Vertrauen ihrer Mitglieder auf den Willen und die Fähigkeit ihrer Anführer, Vielfalt zu organisieren, Talente in die richtigen Bahnen zu lenken und auf eine ungewisse Zukunft gut vorbereitet zu sein. Wenn eine Elite in diesem Sinne kluge Entscheidungen trifft, werden die Geführten daran nicht zweifeln. Wenn aber nicht, dann werden sie der Götterdämmerung nicht entgehen können.

Abbildungsnachweise

Abbildung 1: Historia Tolteca-Chichimeca, Blatt 16r

Abbildung 2: Zeichnung von Jens Rohark nach dem Codex Borgia

Abbildung 4: Kupferstich, Antonio de Solis 1715, Die Welt in Bildern für Schul- und Unterrichtszwecke, Berlin u.a., 1881, Prometheus Bildarchiv

Abbildung 5: Eigene Grafik

Abbildung 6: Private Collection/The Bridgeman Art Library

Abbildung 7: bpk/Hermann Buresch

Abbildung 8: bpk – Prometheus Bildarchiv

Abbildung 9: Aus: Hernán Cortéz, Praeclara Ferdinandi Cortesii de Nova maris Oceani Hyspania Narratio Nürnberg 1524

Abbildung 10: Zeichnung von Jens Rohark nach dem Codex Borgia

Abbildung 11: Frank Mayer Museum, Mexico City/The Bridgeman Art Library

Abbildung 12: Palacio Nacional Mexiko City, Foto: Kgv88

Abbildung 13: Palacio Nacional Mexico, Foto: Kgv88

Abbildung 14: Palacio Nacional, Mexico City, Foto: Kgv88

Abbildung 15: lateinamericastudies.org

Abbildung 16: Zeichnung von Jens Rohark nach dem Codex Borgia

Abbildung 17: Foto: AISA/The Bridgeman Art Library

Abbildung 18: Zeichnung von Jens Rohark nach dem Codex Borbonicus

Abbildung 19: Zeichnung Jens Rohark nach dem Codex Magliabechiano

Abbildung 20: Illustration von Erwan Seure-Le Bihan aus Des Olmèques aux Aztèques; Copyright Fleurus Editions

Abbildung 21: Zeichnung von Jens Rohark nach dem Codex Mendoza

Abbildung 23: Zeichnung von Jens Rohark nach einem Wandgemälde von Cacaxtla

Abbildung 24: Zeichnung von Jens Rohark inspiriert nach dem Codex Mendoza

Literatur

Anders, Ferdinand (2001), Die Schätze des Motecuzoma. Museum für Völkerkunde. Wien 2001

Berdan, Francis (2005), The Aztecs of Central Mexico: An Imperial Society. Belmont 2005

Bohlken, Eike (2011), Die Verantwortung der Eliten – Eine Theorie der Gemeinwohlpflichten. Frankfurt am Main 2011

Boone, Elisabeth Hill (1994), The Aztec World. Washington 1994

Collier, John (1960), Los Indios de las Américas. Mexiko, Buenos Aires 1960

Cortés, Hernán (1520/1918/1980), Die Eroberung Mexikos. Frankfurt am Main 1980

Davies, Nigel (1974), Die Azteken, Meister der Staatskunst – Schöpfer hoher Kultur. Düsseldorf 1974

Domenici, Davide (2008), Die Azteken. Geschichte und Reichtum einer alten Hochkultur. Wiesbaden 2008

Draper, Robert (2010), Das Vermächtnis der Azteken. In: National Geographic, 11/2010

Dudenhöffer, F. (2013), Angeblich war frühe Schließung ein Missverständnis. Opel-Werk III doch bis 2016 in Bochum. In: www.bild.de, http://www.bild.de/regional/ruhrgebiet/opel/chaos-schliessung-missverstaendnis-30449422.bild.html. Abrufdatum 18.05.2013

Hagen, Viktor W. von (1962/1976), Sonnenkönigreiche. Würzburg 1976

Heyden, Doris (2003), Gartenkünstler der neuen Welt, in: Spektrum der Wissenschaft, Oktober 2003, S. 70ff.

Jasso, Julius (2011), Warum Bürger Eliten misstrauen. In: Cicero, Online Magazin für politische Kultur, 19. Oktober 2011, http://www. cicero.de/berliner-republik/warum-buerger-eliten-misstrauen/46218. Abrufdatum 20.05.2013

Kelm, Antje, und Rammow, Helga (1999), Mexiko Megastadt – Texte und Bilder der Ausstellung im Museum für Völkerkunde Hamburg. Hamburg 1999

Luhmann, Niklas (1987), Soziologische Aufklärung. Beiträge zur funktionalen Differenzierung der Gesellschaft. Opladen 1987

Mongne, Pascal (2003), Die Azteken. Köln 2004

Morley, Sylvanus G. (1947), The Ancient Maya. Stanford 1947, 2. Auflage

Prem, Hanns J. (1995/2011), Die Azteken, Geschichte, Kultur, Religion. München 2011

Riese, Berthold (2011), Das Reich der Azteken, Geschichte und Kultur. München 2011

Rüther, Günther (2006), Elite und Verantwortung. Aktualisierte und erweiterte Fassung des Beitrags aus dem Sammelband: Gabriel, Oscar W., Neuss, Beate/Rüther, Günther (Hrsg.), Eliten in Deutschland. Bedeutung, Macht, Verantwortung. Bundeszentrale für Politische Bildung, Schriftenreihe Bd. 506, S. 114-134, Stand 2008

De Sahagún, Fray Bernadino (1585), Codex Florentino, Buch XII, Kapitel 1

SAP (2013), SAP und Specialisterne fördern Menschen mit Autismus. http://www.sap.com/corporate-de/news.epx?pressid=20942. Abrufdatum 22.05.2013

Séjourné, Laurette (Hrsg.) (1971), Altamerikanische Kulturen. Fischer Weltgeschichte Band 21. Frankfurt am Main 1971

Smith, Michael Ernest (1953), The Aztecs. Chichester 2012

Soustelle, Jacques (1955/1986), Das Leben der Azteken, Mexiko am Vorabend der spanischen Eroberung. Paris 1955, deutsche Ausgabe Zürich 1986

Stähli, Albert (2003), Leadership in der Management-Andragogik. In: Berndt, R. (Hrsg.) Leadership in turbulenten Zeiten, S. 13ff.

Stähli, Albert (2012), Maya Management. Frankfurt am Main 2012

Stähli, Albert (2013), Inka Government. Frankfurt am Main 2013

Townsend, Richard F. (1992), The Aztecs. London 1992

Westphal, Wilfried (1990), Der Adler auf dem Kaktus, Eine Geschichte der Azteken von den Anfängen bis zur Gegenwart. Braunschweig 1990

Der Autor

Albert Stähli, Dr. rer. soz. oec., ist anerkannter Experte auf dem Gebiet der modernen Management-Andragogik und Autor mehrere Bücher und Schriften zu diesem Thema. Um die Weiterbildung von Executives in der Wirtschaft deren Berufsanforderungen entsprechend zu gestalten, gründete und leitete er die Graduate School of Business Administration (GSBA) in Zürich und Horgen am Zürichsee. Als passionierter Weltentdecker beschäftigt er sich seit vielen Jahren mit den altamerikanischen Kulturen der Inka, Maya und Azteken und hat sich darin auch außerhalb der Schweiz den Ruf einer Autorität erworben. Als gelernter Andragoge interessieren ihn ganz besonders die Bildungskulturen in den untergegangenen Sonnenkönigreichen. Albert Stähli lebt nahe Zürich in der Schweiz.